DIMENSION

E K K L E S I A

DIMENSION
E K K L E S I A

Publicado por: Editorial D&F / Ecuador
Categoría: Reforma
Edición: Ivonne de Rubianes y Martha Mora
Diagramación y Diseño: Andrea Jaramillo
Impresión: Grafinpren S.A.

Derechos reservados. No se autoriza la reproducción de este libro, ni de partes del mismo, en forma alguna, ni tampoco que sea archivado en un sistema o transmitido de manera alguna, ni por ningún medio electrónico, mecánico, fotocopia, grabación u otro, sin permiso previo escrito por el autor.

Las referencias bíblicas han sido extraidas de la traducción Reina Valera, revisión 1960; para el uso de alguna traducción diferente se especifica en el interior en el mismo verso.

© Ministerio Portadores de su Presencia Internacional
info@escueladereforma.com | www.escueladereforma.com
1° Edición 2016, Editorial D&F, Guayaquil - Ecuador
ISBN: 978-9942-13-242-0

DIMENSION

E K K L E S I A

Dedicatoria

Con dedicación, enviamos este decreto a todos aquellos reformadores que el Padre celestial está formando en lo secreto, en diferentes lugares de la tierra; a aquellos Hijos que en este tiempo Dios ha posicionado en lugares clave, y que batallan ferozmente contra los poderes y sistemas de el mundo caído; y a una nueva generación, que ya ha despertado, y que jamás doblará sus rodillas ante el terror de la muerte.

Agradecimiento

Entregamos todo nuestro honor y agradecimiento a nuestro Padre celestial, que ha dispuesto los tiempos precisos para revelar cosas tan profundas como nunca antes hubiéramos imaginado. A nuestro amado Jesucristo, el testigo Fiel y Verdadero. Y al Espíritu Santo, que no solo nos ha enseñado e inspirado cada una de las líneas de este manuscrito, sino que también nos ha permitido experimentar la vida, poder, y amor en la dimensiones como una verdadera Ekklésia.

INDICE:

Introducción   11

1° **La Tierra y El Mundo**   15

    Diferentes creaciones
    Los diferentes cielos
    Accediendo a lo invisible
    Por medio de la fe
    Las creencias y el mundo
    La fundación del mundo caído
    El juicio de "este" Mundo

2° **Los Sistemas Eternos**   39

    ¿Qué es un sistema?
    Los sistemas espirituales
    Las diferentes dimensiones

3° **Los Siete Días y Los Siete Sistemas**   51

    Día Uno - Sistema de Luz y Definiciones
    Día Dos - Sistema de Expansión y Frontera
    Día Tres- Sistem de Conjuntos y Reuniones
    Día Cuarto - Sistema Tiempo y Proceso
    Día Quinto - Sistema de los vivientes y su Conciencia
    Día Sexto - Sistema de la Imagen y Semenjanza
    Día Séptimo - Sistema de Movimiento en Reposo

4° **Los Árboles**   85

    El diseño de Adán: hombre y Mujer
    El árbol de la vida
    Las tinieblas buscan contaminar el vientre
    El vientre es contaminado

5° **Izebel y El Vientre de la Hechicería** 103
   Manipular las aguas
   Lynch: el hechicero de esclavos
   La hechicería Izebel del mundo caído
   Izebel contra el espíritu de la profecía
   La voz y los sellos de Izebel
   Izebel y el caso de la ONU

6° **La Iglesia Apostólica
   contra Izebel y el Mundo caído** 123
   La dimensión de Cristo sobre la semilla
   La edificación por medio del testimonio
   La autoridad de los testigos
   El testigo falso de izebel
   Apóstoles: trayendo el sello del testimonio
   La Ekklesia apostólica
   La Ekklesia genuina es la respuesta

7° **El Espíritu Santo
   como Apóstol en la Ekklesia** 147
   De Cristo el apóstol a la Ekklesia apostólica
   Las funciones ministeriales en la dimensión apostólica
   Elementos de la dimensión apostólica del Espíritu

DIMENSION
E K K L E S I A

DIMENSION

Introducción

Cuando decidimos escribir este libro fue, por una parte, porque desde Ecuador estaba el deseo de confrontar el Sistema de Hechicería, a un nivel mucho más amplio que solamente hablar de la típica brujería. Como todos sabrán, el pasado 16 de abril del 2016, nos encontrábamos en medio de un entrenamiento llamado FUNDAMENTO PROFÉTICO v/s LO FALSO (la hechicería) en la ciudad de Guayaquil; donde fuimos duramente confrontados en nuestros fundamentos y fe, aludiendo a todas las mezclas y al control que el sistema hechicero de Jezabel había infiltrado entre las coyunturas de la Iglesia de la nación, y del continente.

Finalizado ese poderoso tiempo que trajo luz entre lo verdadero y lo falso, no hubo transcurrido mas de cuarenta minutos, cuando un terremoto de 7,8º azotó la nación ecuatoriana. Esa fue la evidencia, y la muestra más clara de que la advertencia que Dios había soltado, está demandando un cambió profundo en los fundamentos de lo que conocemos como Iglesia; un cambio que certifique verdaderamente si estamos con los pies en la verdadera Roca.

Simultáneamente a lo acontecido en Ecuador, entre los hermanos de la nación de Chile, se había comenzado a entender sobre cómo Jezabel usurpa las semillas y el vientre espiritual para destruir generaciones completas; de esta manera vimos mas claro aún que necesitábamos profundizar en la respuesta que Cristo trajo por medio de Su Ekklésia, para romper con estos sistemas corruptos y establecernos en Su luz.

Comenzamos a buscar más del cielo con este fin, y descubrimos que Dios había establecido un orden muy poderoso desde el Génesis. Él en su amor paternal ya había pensado en una tierra libre de las tinieblas, y así había creado el mundo. No podíamos entonces solo hablar de los sistemas de hechicería o del mundo caído sin primero mencionar por lo menos esto que estábamos comprendiendo, sobre los sistemas eternos y humanos.

Decidimos entonces escribir esto de manera substancial, esperando que al finalizar esta lectura, nuestros hermanos en las naciones puedan entrar en una dimensión nueva, la única que Dios desea hacer descender a través de sus hijos, LA EKKLESÍA.

El hombre, desde que tiene uso de su conciencia, ha utilizado su creatividad para generar un sinnúmero de diseños y representaciones nacidos de las tinieblas y la vanidad del pecado. Babilonia, es el primero de estos diseños, que extendió sus raíces en los sistemas y gobiernos de la tierra, adulterando la pureza de Dios. La Palabra de Dios habla de esta ciudad, expresando que es madre de las rameras y de las fornicaciones de la tierra.

¡Pero este es un nuevo tiempo! Jesucristo compró todo lo que se había perdido, y eso incluye los diseños originales donde se encuentran las claves que le darán vida a las ideas, invenciones, el arte, y la fe con el poder suficiente para reestructurar la humanidad y el destino de las naciones.

¡¡Una nueva creatividad ha llegado, es tiempo de utilizarla!!

1° DIMENSION
EKKLESIA

La TIERRA y El MUNDO

Hemos podido contar a través de los años con la bendición del amor paternal y tutoría del profeta Emerson Ferrell. Fue gracias a los tiempos de conversación y ministración junto a él que hemos podido comprender en profundidad lo que comenzaremos a explicar en este primer capítulo.

Tal vez algunos de ustedes han estado con nosotros cuando Emerson nos a hablado sobre la diferencia entre el Mundo y la tierra. Pero vemos que en general la iglesia tiende a no profundizar en esto, por lo que necesitamos introducirlos a este estudio comenzando desde este punto.

DIFERENTES CREACIONES

Existe una importante diferencia entre el mundo y tierra, en el entendimiento común, ambas palabras pueden parecer similares y casi de un significado único, pero las escrituras las diferencian, ya que ambas cosas operan de manera distinta.

Conocer esta diferencia nos permitirá entender la obra redentora de Cristo en dimensiones que no hemos experimentado aún y ser efectivamente la respuesta que nuestras naciones y familias esperan de la iglesia.

La Tierra, no implica solo nuestro planeta, sino que se refiere a todo lo que Dios ha creado, y que podemos ver. Es decir: los planetas, los montes, los mares, las estrellas, las galaxias, el sol, etc.

Cuando las escrituras hablan de que Dios "tomó del polvo de la tierra" Gn. 2:7 para crear a la humanidad, demuestra que Dios creó de elementos tangibles para formar su cuerpo tangible, no solo está tratando de graficar que somos barro, sino que Él hizo un cuerpo físico para nosotros.

El Mundo, en cambio, es todo aquello que existe, pero que gravita o habita en la dimensión invisible, entre los cielos eternos del Padre y la tierra, como el alma, son creaciones abstractas, donde hoy están las ideas e ideologías, esperando a ser trasladadas hacia lo visible por medio de las creencias o de la FE.

El libro de Salmos, entre otras escrituras, nos proporciona una clara diferencia entre el mundo y la tierra, David da a entender que ambas dimensiones fueron creadas por Dios, y que ambas son su propiedad soberana. Esta afirmación podría parecer muy contradictoria a la idea común que tenemos, en donde el mundo es un enemigo del alma o de la santificación, pero antes de resolver este dilema necesitamos comprender las diferencias entre ambos elementos:

"De Jehová es la tierra y su plenitud;
El mundo, y los que en él habitan."
Salmos 24:1

"Antes que naciesen los montes y formases la tierra
y el mundo, Desde el siglo y hasta el siglo, tú eres Dios."
Salmos 90:2

Estos Salmos confirman sin ninguna duda, que la tierra y su plenitud, es decir todo su esplendor y lo que hay en ella son de Dios, además asegura que el mundo y sus habitantes le pertenecen al Señor, también afirman que Dios mismo formó la tierra y el mundo, enfatizando al final del versículo qué, dada la condición eterna y soberana de Dios, ésta es eterna.

Sin embargo, Cristo se refirió al mundo de una manera más antagonista, colocándolo como un elemento caído que ahora estaba en oposición a sus propósitos, este dilema solo se puede entender cuando comenzamos por diferenciar ambas creaciones, la tierra y el mundo, como dimensiones distintas implicadas en la batalla de Dios por redimir todas las cosas.

"Respondió Jesús:
Mi reino no es de este mundo;si mi reino fuera
de este mundo, mis servidores pelearían para que yo no
fuera entregado a los judíos;pero mi reino no es de aquí."
Juan 18:36

La palabra que traducimos como "mundo" sería originalmente en las escrituras del Nuevo Testamento la palabra "kósmos", que vendría a describir literalmente, un orden, o algo ordenado; un sistema dispuesto en un esquema (como el universo, la creación); un "orden divino", una era, un espacio en el tiempo, un siglo o una edad.

En cambio, para el díalecto arameo, usado por el mismo Cristo en sus años de ministerio, la palabra "kosmos" estaba íntimamente relacionada con la palabra "alma", como el orden o sistema abstracto de la vida, veremos entonces que el alma es la precursora y la que habita el mundo.

El mundo entonces claramente no es un lugar físico o tangible al que se pueda acceder por medio de los sentidos naturales, es una dimensión abstracta e invisible, que en primera instancia Dios formó y construyó sobre la tierra en los inicios del universo.

Si comprendemos esto, es claro que este lugar abstracto e intangible necesariamente fue creado por Dios, ya que solo Él puede formar todas las cosas en un plano inmaterial, el diablo no tiene poder creativo en sí mismo y menos en este ámbito de esencia vital eterna.
Es así como David lo plantea en los versículos que leíamos.

LOS DIFERENTES CIELOS

Este momento de creación del mundo, está registrado en los primeros capítulos de Génesis, pero no está usando el término "mundo" sino "cielo", advirtiéndonos de antemano que Dios crearía diferentes cielos, y no solo el tangible que vemos cada mañana, o el eterno donde reposa su trono, sino que hay dimensiones creadas en este complejo mecanismo de vida que el Padre dio a luz en los primeros días de la creación.

Esas dimensiones fueron llamadas como "cielos", en plural, es decir más de un cielo.

"1. Fueron, pues, acabados los cielos y la tierra,

y todo el ejército de ellos. 2. Y acabó Dios en el día séptimo la obra que hizo; y reposó el día séptimo de toda la obra que hizo. 3. Y bendijo Dios al día séptimo, y lo santificó, porque en él reposó de toda la obra que había hecho en la creación. 4. Estos son los orígenes de los cielos y de la tierra cuando fueron creados, el día que Jehová Dios hizo la tierra y los cielos, 5. y toda planta del campo antes que fuese en la tierra, y toda hierba del campo antes que naciese; porque Jehová Dios aún no había hecho llover sobre la tierra, ni había hombre para que labrase la tierra,"
Génesis 2:1-5

Vemos aquí la diferencia entre ambos ámbitos que estamos estudíando, se habla de la tierra como la parte tangible donde Dios ordenó y fructificó todas las cosas, y los cielos como parte de la creación en aquellos días.

Cuando el Padre crea las estrellas y las lumbreras, está ordenando un solo cielo, el tangible, pero a la vez que creaba ese ámbito, su poder se concentró en formar otros cielos.
No es el único lugar donde se habla de estos "cielos", o dimensiones, las escrituras continuamente van hablando de ellos.

"Al que cabalga sobre los cielos de los cielos, que son desde la antigüedad; He aquí dará su voz, poderosa voz."
Salmos 68:33

"Alabadle, cielos de los cielos, Y las aguas que están sobre los cielos."
Salmos 148:4

"He aquí, de Jehová tu Dios son los cielos, y los cielos de los cielos, la tierra, y todas las cosas que hay en ella."
Deuteronomio 10:14

La escritura, en instancias proféticas de cánticos de alabanza y adoración, como las relatadas en estos versículos, describe los cielos de los cielos como dimensiones diferentes entre sí, que están siendo observadas por el vidente o profeta.

Frente a nuestro ojo humano solo podemos observar el cielo físico, que comienza con las distintas atmósferas o capas de gases, y acaba en la expansión del universo, sin embargo, la dimensión descrita por Ezequiel o Daniel, del trono de Dios junto a serafines y seres angelicales, no se puede observar con los sentidos físicos, porque son un sistema distinto, solo podemos enlazarnos a el por medio del espíritu del hombre.

En medio de ambos ámbitos, el eterno y el físico, encontramos regiones celestes, que llamamos segundo cielo, en esta zona abstracta, genuina, pero indemostrable en la lógica humana, operan sistemas distintos al nuestro, ideologías, creencias y filosofías.

Nuestro problema como iglesia, es que hemos sido expuestos por mucho tiempo al pensamiento científico, que cuantifica y busca comprobar de manera computable todas las cosas, pero para comprender dichos cielos, necesitamos desprendernos de ese pensamiento.

El Caso De Kurt Gödel

Antiguamente y como consecuencia del auge del pensamiento lógico matemático, se creía que para que algo fuese verdadero y lógico, debía demostrarse empíricamente, es decir a través de algún experimento que corroborara la veracidad de un hecho, de esta forma, todo aquello que no pudiese demostrarse se daba por falso, ilógico y hasta absurdo.

Este pensamiento comenzó a hacer menguar las convicciones de muchos y fue creando un mundo que solo creía en lo que podía computar y comprobar con sus sentidos, sin embargo, las escrituras tratan en su totalidad sobre una verdad que primeramente es espiritual, que no busca demostrarse a sí misma, simplemente se da por asentada su veracidad, accediendo a ella por fe.

Aun así, el pensamiento matemático inundó de tal manera las ideologías de la sociedad, que se requería siempre comprobar aquello que se afirmaba, dejando sin herramientas la veracidad de las afirmaciones sobre hechos espirituales, ya que estás debían ser demostradas empíricamente, pero ¿puede ser verdadero algo que no podemos demostrar o contabilizar?, todos creían que no. Este pensamiento fue quitando el interés de la iglesia por abordar las verdades más abstractas de las escrituras, la gente temía hablar de dimensiones concernientes al ámbito espiritual y su dinámica, hablar de seres angelicales, de profundidades del cielo y los vínculos que estos elementos poseen.

Sin embargo, hace algunos años, un pensador matemático llamado Kurt Gödel[1], crearía un teorema matemático para explicar de forma lógica y matemática, como hay cosas que no pueden demostrarse, teniendo un impacto profundo en el trabajo de los filósofos y científicos de nuestra época, esto abrió paso a que aquellos que daban por hecho la inexistencia de un mundo abstracto, desistieran de sus conclusiones y se abrieran a creer en una nueva dimensión, que no respondía a nuestras leyes matemáticas y mucho menos se podía demostrar ni contabilizar.

Siendo muy joven, Gödel trabajaba en la tesis de su doctorado, había crecido con los mejores matemáticos de Viena, así que

---
[1] Kurt Godel y el teorema de incompletitud http://users.dcc.uchile.cl/~cgutierr/otros/godel.pdf

centró sus esfuerzos en poder comprobar que habían cosas incomprobables, este pensamiento escapaba de toda su formación educativa, porque no solo deseaba emplear argumentos lógicos, sino que usar las mismas matemáticas, hasta ese momento considerada una ciencia "pura" que todo lo podía demostrar con cálculos exactos.

Con solo 25 años, formuló dos teoremas de lógica matemática, llamados "teoremas de la incompletitud", en ellos no solo logró demostrar que no toda la matemática es computable o "puede ser contada", sino que marcó un precedente para los posteriores trabajos en la física cuántica, que comenzaba ya a experimentar con situaciones en que no tenían los instrumentos para medir o decodificar los hechos que presenciaban, estaban siendo testigos de leyes que no respondían a la matemática conocida, ni a nuestro mundo natural.

Dentro del trabajo de sus teoremas, Kurt codificó expresiones formales de una proposición filosófica en signos matemáticos, desarrollando una técnica que posteriormente se llamó "numeración de Gödel", de esta manera, podía formular una paradoja filosófica y buscar comprobarla en términos matemáticos.

Precisamente por esta visión diferente, sobre qué es real y qué no lo es, es que Kurt Gödel y Albert Einstein fueron tan buenos amigos, ambos se retroalimentaban en largas conversaciones, ya que creían firmemente, que la realidad que percibíamos con los sentidos no era del todo verdadera, sino que habían leyes que aún no se conocían, ni se podían calcular matemáticamente o comprobar con nuestras experiencias naturales.

Su trabajo golpeó fuertemente los cimientos de la realidad lógica que hasta ese momento la ciencia conocía, algunos comenzaron a dudar de la veracidad matemática de verificar lo exacto, dejando en claro que hay elementos verdaderos que no pueden comprobarse, a menos que se desplace el pensamiento fuera del sistema del elemento de estudio y fuera de sus leyes.

El joven Gödel construyó una fórmula paradójica que atestiguaba ser imposible de demostrar para un sistema consecuente. Si fuera demostrable sería falsa, lo que refuta el hecho de que en un sistema consistente solo las proposiciones demostrables son siempre verdaderas.

De modo que es posible encontrar una proposición totalmente verdadera, pero no demostrable con nuestras leyes o en nuestro sistema.

Accediendo A Lo Invisible

Sin necesidad de teoremas matemáticos, Dios nos proveyó de la manera de acceder a una realidad imposible de demostrar bajo las leyes de los sentidos, pero que podemos comprender por la fe.

Esta conexión es más poderosa que la lógica humana más avanzada, como mecanismo de aprendizaje y de entendimiento, la fe de Cristo en nosotros supera la profundidad de cualquier método de comprensión, ya que nos permite entrar en la revelación y comenzar a entender sin haber aprendido de antemano.

El computador más eficiente puede procesar toneladas de información por segundos y encontrar diversos resultados, de esta forma busca conocimiento a partir de dicho procesamiento de una base de datos.

Pero la fe no busca ese procesamiento o recopilación de información, la fe entra directo a la fuente de toda sabiduría.

En esa fe sobrenatural, Pablo hablaba de una oposición que se encuentra en las regiones celestes, estas regiones son el segundo cielo, una dimensión que no puede ser medida con nuestros medios tangibles o técnicas humanas, solo vemos sus efectos en la realidad física, pero podemos comprenderlos por la fe o construirlos por medio de nuestras creencias.

Reafirmar lo tangible es fácil, pero cuando comenzamos a buscar entender lo no conocido, solo podemos acceder a esto por medio de la fe.

La creación fue hecha mediante la voz de Dios, el espíritu del hombre estaba ligado a la voz del Padre íntimamente, de Él tomaba su imagen y semejanza, en los inicios la fe de la humanidad era innata en toda su medida de gloria, el hombre no dudaba de las palabras de Dios.

El alma entonces interpretaba esa voz espiritual del Padre que estaba fluyendo por la fe, hacia su espíritu, creando de esta manera nuevos diseños, el hombre no obedecía como un ser mecánico, sino que su obediencia era siempre participativa, implicaba hacer parte de él esta voz del Padre y aplicarla, redefiniendo el mandato en su interior, en toda pureza y libertad.

Dios no creó maniquís mecánicos, sino hijos con capacidad de decidir con la voz de Dios en ellos, de otra manera no existiera una caída, la posición del Padre siempre fue hacer partícipe del gobierno a la humanidad, por esta razón les dio su imagen y semejanza.

Cuando el alma interpretaba esta voz pura que fluía en el espíritu, construía una imagen y un diseño en el alma, para después hacer visible por medio del cuerpo tangible y de su voluntad, todas aquellas decisiones que se desarrollaron desde el alma. Lo que el alma creía se transformaba en obras y acciones concretas.

De esta manera, el espíritu humano caminaba cerca del trono de Dios en el tercer cielo, en medio del monte del testimonio, mientras que su cuerpo, al mismo momento, se movía en el huerto físico que estaba en Edén, en las regiones de Mesopotamia. Para Adán no existía separación de ambas dimensiones, ya que el pecado no cortaba aún su vínculo con el Padre.

Los pensamientos creativos de la humanidad, toda su construcción afectiva con el entorno que se desarrollaban en el alma, debían entonces llenar el segundo cielo, formando el "Kosmos", el mundo que ordenaría la vida en la tierra.

El alma sujeta al espíritu traería orden a la vida que crecía y se expandía desde el huerto hacia fuera.

"1. Ahora bien, la fe es la convicción de las cosas que se esperan como si ya fueran realidad, y es la revelación de las cosas que no se ven 3. porque por fe comprendemos que los mundos fueron hechos por la palabra de Dios, de modo que lo que se ve fue hecho de lo que no se ve."
Hebreos 11:1-3 Biblia Peshitta

En estos versículos de Hebreos, en la revisión aramea, podemos ver que el escritor habla de "los mundos", en nuestra revisión Reina Valera fue traducido como "universo", es decir, un conjunto de muchas cosas existentes, pero ordenadas como sistemas.
El término del escritor no solo quería expresar que había una creación, sino que distintas dimensiones, sistemas o mundos,

brotaban de la voz de Dios cuando éste hablaba, todo con un propósito ordenado de antemano.

Estos mundos, sistemas o este conjunto de existencias, se trasmitían al interior de la humanidad por medio de la palabra de Dios, estos sistemas y dimensiones fluían dentro del espíritu del hombre, que accedía a ellos y los comprendía por medio de la fe, para posteriormente construir su propio mundo desde lo que el alma interpretaba y finalmente manifestarlo a lo físico creando así su propio orden en el segundo cielo.

Por Medio De La Fe

"Porque por gracia sois salvos por medio de la fe; y esto no de vosotros, pues es don de Dios;"
Efesios 2:8

Este versículo nos muestra claramente, como la gracia de Dios, que es una sustancia abstracta, pero poderosamente viva que nace de su corazón, puede ser alcanzada por medio de la fe, esta gracia eterna que habita fuera del tiempo y el orden humano, no puede ser cuantificable o medible con instrumentos basados en nuestra lógica, no puede ser probada bajo el método científico o con un teorema matemático, la gracia de Dios escapa de toda medición posible, ya que es insondable, pero podemos acceder a ella por medio de la fe.

Cuando entramos en esa gracia de Dios, se produce una liberación inexplicable, no sabemos cómo, ni podemos entenderlo completamente con nuestra mente, solo sabemos que Dios siendo inagotablemente poderoso, decidió esperarnos y amarnos, para hacernos libres, no teniendo nada que ofrecerle, la gracia operó y nos transformó, haciendo aquello que por nuestra fuerza no podíamos hacer, libertándonos de aquellas cadenas que no podíamos romper.

La fe era y es el medio por el cual se podía trasladar de una dimensión a otra los sistemas o mundos que nacían del corazón del Padre, la fe siempre ha sido el medio con el cual se trasmite la vida, pero ahora comprendemos que también es la ruta por donde podemos acceder a la realidad invisible y que ésta se manifieste en un ámbito natural.

La fe operaba en Adán sin medida, casi de manera innata el accedía a todo lo invisible y se movía sin tener que sujetarse a las leyes naturales, ya que por la fe podía sobreponerse a ellas, es en esa fe que Jesús camina sobre las aguas, cambia el agua en vino y seca la higuera con su palabra.

La fe es un don dado por Dios a la humanidad, una vez el hombre desconectado de la fuente que es el Padre, solo quedó en él una diminuta medida de fe, mil veces más pequeña que la semilla de mostaza, casi inexistente y microscópica, pero necesaria.

Esa medida permite que respiremos, es esa fe la que da órdenes a nuestros órganos para que funcionen fuera de nuestra conciencia, los pulmones se expanden y contraen, los reflejos actúan, el corazón bombea sangre, las neuronas se comunican, las hormonas fluyen, las uñas crecen y el cuerpo busca regenerarse y vivir, por la fe escrita en el genoma, por esa medida imperceptible que aún posee el hombre y que le permite aferrarse a la vida.

La fe es el primer impulso bioeléctrico que multiplica las células de un óvulo fecundado, ¿de dónde proviene ese impulso y esa conciencia? la fe lo induce, trasladando la vida desde lo eterno al cuerpo físico en formación.

Cuando el hombre salió del huerto y de la presencia del Padre, Dios no le quitó toda la fe, dejó en él esa luz imperceptible para que su cuerpo físico no se desplomara en el momento y pudiera seguir viviendo, aunque éste quedaría encerrado en el ámbito natural y sujeto al mundo caído que el mismo crearía con su alma y que el diablo comenzaría a gobernar.

El Padre dejó en ellos esa fe, con el fin de que pudiera en algún momento volver a Él.

La fe sostiene el universo bajo leyes invisibles, algunas ya han sido descubiertas por el hombre, como la gravedad, la naturaleza de la luz y el espacio-tiempo, pero aún estas leyes operan de manera distinta en lo natural a como se mueven en el espíritu, porque solo estamos presenciando, en el ámbito físico su consecuencia, mas no su origen en Dios.

Las Creencias Y El Mundo

Todas las dimensiones, sistemas o mundos de Dios, fueron reunidos en el huerto donde fue puesta la humanidad, antes de expandirse en la tierra, la vida de Dios pasaba por el espíritu del hombre y su mujer, que ministraban esa vida al huerto y a la creación.

Dios estableció ahí un único pensamiento, y un único orden, un mundo de luz y justicia que debía revelarse y expandirse generación tras generación, siglo tras siglo a toda la creación, por medio de la humanidad y de su fe.

La caída significó la separación de toda la dimensión pura y eterna del Padre, el alejamiento de su corazón y del verdadero propósito de todas las cosas, por esto mismo, la caída del hombre es el hecho más destructivo que la creación haya presenciado jamás.

Por causa del pecado, el hombre dejó esa diminuta fe que quedó en él, a merced del diablo, y dio lugar a que el padre de mentira usara las creencias para edificar y someter la tierra en un mundo contaminado en manipulaciones, cargado de hechicerías, violencias, inmoralidades, traiciones, contiendas, idolatrías, etc.

Esa maldad se acumuló en tal magnitud, que la tierra tuvo que ser reseteada por el diluvio en tiempos de Noah, pero aún después de dicha purificación, el segundo cielo permanecía sobre la creación, por lo que el mundo caído en el segundo cielo, volvió a contaminar a los hombres y estos retornaron a torcer sus creencias.

La única manera de que esas creencias no sean manipuladas, es que nuestra fe vuelva a generarse dentro de Dios, que se desarrolle la medida de fe dentro del corazón del Padre; sin esto, las creencias falsas llenan el mundo caído en el segundo cielo, edificando sistemas y modelos perversos que se perpetúan siglo tras siglo.

Esas creencias falsas son en verdad una incredulidad, es decir que la fe esta puesta en algo incorrecto y se transforma en una duda de lo verdadero y da a luz la incredulidad, la que Dios confronta como rebelión y desobediencia.

Porque en lo profundo, toda incredulidad es la rebelión de elegir no creer lo justo y verdadero, sino creer en la mentira y buscar refugiarse en ella.

Para Dios el incrédulo es un rebelde que se resiste a la verdad, el incrédulo es un necio que se opone a la vida e insiste en vivir en el engaño, depositando su creencia en lo falso.

El mundo caído esta edificado sobre esas ilusiones falsas, se sostiene hasta que necesita volver a reconfigurarse, ya que ninguna mentira puede permanecer para siempre, los sistemas se van corrompiendo una vez que su primer esplendor comienza a opacarse, la caída de dichos sistemas es inevitable, porque están basados en mentiras e ilusiones que no permanecerán.

Cuando los sistemas y reinos de este mundo dejan de ser creíbles, pierden su poder, ya que la creencia humana es lo único que los sostiene, ¿cómo se producen las crisis económicas?, por un quiebre de la confianza, cuando la confianza se desploma de los mercados, detrás se desploman los sistemas que se sostienen en ella.

"8. Otra vez le llevó el diablo a un monte muy alto, y le mostró todos los reinos del mundo y la gloria de ellos, 9. y le dijo: Todo esto te daré, si postrado me adorares."
Mateo 4:8-9

El diablo no tiene autoridad ni sustancia para crear, porque no tiene fe ni alma, por eso la serpiente buscó desde el principio manipular al hombre, y subyugar su alma creativa que aún produce creencias, de esta manera edificar un mundo caído con sus reinos, en una versión falsa y torcida de los sistemas y dimensiones vivas que fluyen de Dios.

Jesús les habló a sus discípulos de estas dimensiones vivas, como habitaciones donde morarían siempre con Él y donde el Padre se manifestaría a ellos.

Por su parte el diablo construyó sus propias moradas, reinos y dominios subyugadores, bestias destructoras que se manifestaban como imperios, todos sustentados en falsas creencias humanas milenarias, en hechicerías.

Cuando Cristo se manifestó como Hijo de Dios en su bautismo junto al profeta Juan, el diablo se apresuró y buscó tentar a Jesús en el desierto, le mostró el mundo caído y sus reinos, luego los ofreció a cambio de su adoración, al adorar Jesús tendría que inclinar su fe ante el mundo caído y con esta fe el mundo se alimentaría para permanecer, pero conocemos la respuesta que el Señor entregó, manifestando que su fe estaba en la voz que salía de la boca de Dios, la fe de Cristo solo existía para ser un puente entre la eternidad pura del Padre y la creación que permanecía en esclavitud.

La Fundación Del Mundo Caído

"50. para que se demande de esta generación la sangre de todos los profetas que se ha derramado desde la fundación del mundo, 51. desde la sangre de Abel hasta la sangre de Zacarías, que murió entre el altar y el templo; sí, os digo que será demandada de esta generación."
Lucas 11:50-51

Desde Caín y Abel en adelante, el mundo caído fue fundado y establecido, la sangre del profeta Abel sobre la tierra implantó una voz de venganza y más violencia, que no dejaría de sonar, la sangre de Abel comenzó a clamar para ser vengada, gritaba la voz de esa sangre por una respuesta de juicio sobre la tierra, este sonido y las creencias de muerte de los hombres fundaron el mundo en el segundo cielo.

Desde este hecho, toda la humanidad nacería bajo un mundo falso y caído, cargado de hechicería; el segundo cielo se llenó de esta construcción hechicera.

> *"15. No améis al mundo, ni las cosas que están en el mundo. Si alguno ama al mundo, el amor del Padre no está en él. 16. Porque todo lo que hay en el mundo, los deseos de la carne, los deseos de los ojos, y la vanagloria de la vida, no proviene del Padre, sino del mundo."*
> **1 Juan 2:15-16**

El mundo caído en el segundo cielo está edificado sobre los deseos de la naturaleza caída, son los deseos de esta naturaleza los que construyen sistemas perversos que sirven de guarida de demonios y de todo espíritu inmundo que se mueve para contaminar.

Los deseos provienen de la vanagloria de la vida o de la ambición exacerbada por sobrevivir, que instiga al hombre desde que la muerte entró en él y desde que la imagen de Abel asesinado por su hermano quedó plasmada en el tejido del alma colectiva.
El asesinato acrecentó el temor a morir de manera exponencial, la voz de la sangre resonaba en el segundo cielo "si no puedes estar seguro ni siquiera junto a tu propio hermano, entonces debes pelear para no morir".

Esa ambición por sobrevivir consume ahora a la humanidad, es el mundo caído sobre la tierra, que impulsa al hombre a controlar todo aquello que le rodea para poder asegurar su supervivencia y mantenerse lejos del alcance de la muerte, pero no comprende que esa misma ambición es la que lo va matando progresivamente, la que controla y destruye su vida.

"Porque todo lo que es nacido de Dios vence al mundo;

y esta es la victoria que ha vencido al mundo, nuestra fe."
1 Juan 5:4

Solo la fe pura que vuelve a nacer de Cristo, solo esa fe puede vencer el mundo y derribar de nuestro interior los fundamentos de este mundo falso, para vivir lo verdadero, lo eterno. Jesús depositó toda su fe en la voz del Padre, su confianza fue total y se manifestaba en obediencia.

Algo que es importante que comprendamos, es que la fe implica obediencia, no podemos engañarnos y creer que nuestra medida de fe va en aumento porque hemos presenciado algún milagro o hecho sobrenatural, todas aquellas cosas están bajo la soberanía de Dios, la fe que nace de Cristo da siempre a luz obediencia, ya que la confianza es tan plena y profunda, que no podemos no obedecer la voz.

La fe de Cristo opera entonces como una ruta, un medio para conectar dos realidades, la del Padre eterno y la de la tierra, la creencia humana solo conecta con el segundo cielo y sus pensamientos, no puede ascender más alto ni comer de otra sustancia, solo la fe que nace de Cristo puede experimentar las verdades de Dios y acceder a ellas.

El Juicio De "Este" Mundo

"7. Pero yo os digo la verdad: Os conviene que yo me vaya; porque si no me fuera, el Consolador no vendría a vosotros; mas si me fuere, os lo enviaré. 8. Y cuando él venga, convencerá al mundo de pecado, de justicia y de juicio. 9. De pecado, por cuanto no creen en mí;

10. de justicia, por cuanto voy al Padre, y no me veréis más; 11. y de juicio, por cuanto el príncipe de este mundo ha sido ya juzgado."
Juan 16:7-11

El mundo caído no puede ser convencido de pecado por la lógica humana, basada en sabiduría de hombres, el mundo conoce ese tipo de sabiduría que es animal y caída, por lo tanto no es convencido de pecado por esta.

Cuando buscamos que los deseos de la carne, de los ojos y la vanagloria de la vida salgan de nosotros, no podemos buscar solución en la lógica humana, en los recursos de este mundo caído, sean religiosos, místicos, psicológicos o filosóficos, porque todos provienen de la misma naturaleza caída y del segundo cielo.

El error de la religión es querer purgar el mundo caído del corazón de un creyente por medio de la sabiduría del mismo mundo, con teorías y hermenéuticas que son solo disciplinas del sistema humano.

El mundo solo puede ser quebrado y vencido por la voz eterna de Dios, directa, sin filtros lógicos, en el Espíritu Santo, esta voz santa convence al mundo del error y la actitud rebelde de poner su creencia en las cosas temporales, solo el soplo del Espíritu Santo puede hacer esto.

El Espíritu Santo cambia la naturaleza del hombre, nacemos de nuevo, del agua y del Espíritu para poder entonces cambiar nuestros deseos, ya no buscaremos lo que el mundo caído busca, porque nuestra naturaleza no la necesita.

Cuándo Jesús dice el príncipe "de este mundo" ha sido juzgado, es porque hay otros mundos, que son las dimensiones que provienen de Dios, sus sistemas, sus moradas de paz, donde solo Cristo es príncipe, en esas dimensiones no existen los deseos de la naturaleza caída, no existen las obras de la carne, todas ellas han sido vencidas antes de que alguien entre a estos lugares de pureza.

Antes de Cristo, en la tierra como creación tangible, había un mundo que subyugaba todo, el que fue fundado con la muerte de Abel, sostenido y recreado una y otra vez por las creencias humanas del alma contaminada, religiones, filosofías, hechicerías, etc.

En ese mundo Lucero era el príncipe, señor de todos sus reinos falsos, este mundo en el segundo cielo, fue juzgado por la sabiduría de Dios, fue clavado su decreto de legitimidad en la cruz y humillado su poder en la resurrección.

Ese mundo, fue juzgado completamente por Cristo, ya no puede retener a quien desee salir de él, no puede esclavizar a quien desee dejar de creerle, porque aún la autoridad que lo gobernaba fue echada fuera, el segundo cielo contaminado de sistemas perversos, ha quedado sin gobernador, las tinieblas que rigen en él no tienen autoridad para permanecer, solo la que les otorgamos al creer en sus sistemas.

"Ahora es el juicio de este mundo;
ahora el príncipe de este mundo será echado fuera."
Juan 12:31

El Espíritu de Dios ha juzgado al príncipe del mundo caído, ese juicio no ocurrirá en el futuro, en una época próxima milenial, Cristo dijo "ahora", es decir en ese momento en que Él se dirigía a su sacrificio en la cruz, los poderes de las tinieblas comenzaron a conmoverse, siendo todos despojados en la resurrección.

Cristo ha restituido la autoridad del hombre como un ser con atribución para crear sobre la tierra, por esta razón ascendió en la resurrección sobre los cielos, eso incluye las regiones celestes, y repartió dones sobre los hombres, dones que estaban cautivos, las facultades que Adán tenía para entrar en las moradas de Dios, los sistemas santos, en las dimensiones eternas, fueron soltadas y repartidas sobre los hombres.

Cuando el diablo perdió su poder sobre el segundo cielo, perdió la facultad para dirigir los destinos de las naciones, este hecho debe ser entendido en profundidad, porque es la razón por la que Cristo envía a sus discípulos a discipular naciones en el Espíritu Santo, algo que no había hecho antes de su resurrección.

Las naciones están libres ahora para elegir lo que desean seguir, antes solo podían ser esclavas sin ninguna opción, Cristo rompió esas cadenas juzgando el mundo caído, ahora pueden elegir y ser convencidas de pecado, pero solo una iglesia que tenga su fe en Dios, puede llegar a ellas y discipularlas.

El mundo caído en el segundo cielo, guiaba con engaños los destinos de las naciones, cada una de ellas se sometían en sus fundamentos a ese segundo cielo, una y otra vez emergían bestias espirituales, como imperios sangrientos en los territorios, Daniel pudo ver algunos de ellos emerger y visualizarlos como realmente eran, sus visiones relatan de manera clara como ese poder infernal llegaría a su fin en la manifestación de Cristo.

Cuando el príncipe del mundo caído fue echado fuera, las naciones quedaron sujetas a las corrientes de sus propias culturas y creencias, sus aguas ideológicas ya no serían dominadas completamente por el príncipe de las tinieblas, ahora los hombres dirigían sus vidas y podía elegir creer a ese mundo o ser libres en Cristo.

El diablo, despojado de todo poder, quedó sujeto a interactuar y hechizar solo sobre aquellos que se mantuvieran en desobediencia o rebelión, los que no tienen la fe de Cristo y viven de su creencia, que es incredulidad a la verdad.

> *"1. Y él os dio vida a vosotros, cuando estabais muertos en vuestros delitos y pecados, 2. en los cuales anduvisteis en otro tiempo, siguiendo la corriente de este mundo, conforme al príncipe de la potestad del aire, el espíritu que ahora opera en los hijos de desobediencia,"*
> **Efesios 2:1-2**

Durante incontables épocas hemos visto a la Iglesia tratando de abordar la gran comisión, y el mandato original de Cristo para esta. Muchos de los intentos del cristianismo se ha originado a partir de muy buenas ideas e intenciones. Dies de estos diseños han salido a partir de principios ideológicamente cri... parece ser que en la cultura del Reino en nuestras planificaciones y estrategi... es decir que... han venido del árbol del que procede, y mucha... árbol de la Vida. Nos he...
estrategias...
socie... tu pre...
apre...
en...

Creemos con firmeza que ha llegado el día

Hijos del Padre

en que los MANIFIESTEN DISEÑOS ETERNOS

2° DIMENSION

Los Sistemas Eternos y Humanos

Ya que hemos hablado tanto de ellos, vamos a profundizar sobre estos sistemas santos que habitaban en el huerto en Edén, para así comprender que el mundo caído, no es más que una réplica absurda y hechicera de sistemas genuinos que existían antes de la caída.

¿Qué Es Un Sistema?

Por definición simple, un sistema, viene del griego sýstēma y significa "reunión, conjunto, o agregado".

Un sistema es un objeto o un conjunto, cuyos componentes se relacionan con al menos algún otro componente, que puede ser material o conceptual.

Los seres humanos poseemos sistemas distintos en nuestro

cuerpo, el sistema sanguíneo, el sistema respiratorio, etc., pero también existen sistemas conceptuales, que no están basados en objetos concretos, pero si en ideas que se van relacionando y conectando, como el sistema financiero.

Los sistemas reúnen varios elementos, pero no son solo grupos de cosas o conjuntos de objetos o ideas, su principal característica en un sistema es la interacción de sus elementos.

Si juntamos en una bolsa muchas lentejas, esta bolsa no constituiría un sistema, porque sus componentes no se están relacionando, pero cuando vemos los órganos de un sistema, todos ellos se relacionan entre sí.

Ahora bien, todos los sistemas poseen por lo menos cuatro características, que necesitamos mencionarlas para que podamos entender de mejor manera que es un sistema:

1.**Composición,** que son los elementos que lo integran, en el caso del sistema respiratorio serían las fosas nasales, la tráquea, los pulmones, el díafragma, etc.

2.**Estructura,** que es un orden o forma específica, orientada a un claro objetivo. Siguiendo con el mismo ejemplo, cada una de las partes del sistema respiratorio deben ir ubicadas en una posición que permita el paso del aire y desde que inhalamos por la nariz llenando los pulmones, cuando alguien recibe un golpe o se obstruye la tráquea, comienza a ahogarse inmedíatamente, de la misma manera si se daña la nariz, inminentemente el sistema respiratorio se ve afectado.

3.**Entorno,** que es un ámbito o lugar de operación. Según nuestro ejemplo, de nada serviría mantener intacto cada parte del sistema respiratorio, cada órgano y cada tejido, si salimos al espacio exterior donde no hay oxígeno, el sistema colapsaría porque fue diseñado para funcionar en un entorno específico.

4.**Mecanismo,** que es un ciclo de funcionamiento contínuo, que le permite a este sistema influir, trabajar, o absorber otros sistemas. Así mismo, el sistema respiratorio, está regulado por las pulsaciones del corazón y por la necesidad de oxígeno del cuerpo para establecer un ritmo de respiración, si aguantamos el aire quebramos ese ritmo de respiración, o si corremos una carrera, el ciclo de respiración se acelera porque los músculos comienzan a exigir oxígeno para funcionar.

Como podemos ver, un sistema no es solo un conjunto de cosas o elementos, sino que estos interactúan entre sí y con su entorno, por lo mismo, el sistema siempre está en movimiento, desde una célula hasta una ciudad, sin importar el ritmo, todos los sistemas necesitan moverse para mantenerse vivos.

Estos sistemas físicos en su mayoría son parte de un sistema mayor, desde los átomos que interactúan dentro de sí con electrones y protones, pero que generan un campo magnético para interactuar con otros átomos, hasta los planetas y galaxias que se relacionan entre sí con órbitas, que aún no podemos determinar en su totalidad, pero que sabemos están en movimiento.

Claramente los sistemas se forman y responden a principios que Dios estableció sobre la creación, no se formaron a sí mismos, aunque la creación haya sido sujeta a la vanidad por causa de la caída del hombre, el planeta tierra sigue siendo el altar desde donde toda la creación y los universos serán redimidos, ya que los sistemas no nacieron en la tierra, sino que son un diseño del cielo.

El hecho de que un sistema tardara años en formarse no demuestra el azar, la casualidad de la suerte o la evolución, simplemente manifiesta que su formación es más lenta, pero aun así responde a principios eternos.

Sabemos que los sistemas en su pureza, como mecanismos de interacción, son una idea de Dios, el diablo nada puede crear, porque no tiene fe para eso, solo le es posible imitar y torcer lo genuino, por lo que usó ese modelo para subyugar al hombre ya caído.

Lucero, antes de su caída, fue parte de uno de los sistemas de Dios, en su interacción con el resto de las creaciones espirituales, decidió hacer contrataciones generando en él corrupción e iniquidad. Desde este punto, el diablo conoce como operan los sistemas e intentará construir los propios en la tierra.

El mundo caído, en el segundo cielo, fue establecido como un sistema de muerte y opresión que subyugaba a la humanidad, se componía de las creaciones del alma del hombre, su estructura estaba en el segundo cielo, entre lo eterno y lo tangible, como un velo que hacía de separación a la humanidad con el trono de Dios.

Su entorno se concentraba en la tierra, para así poder interactuar con los pensamientos y creencias del hombre caído y mantener su poderío por el temor a la muerte o por los deseos egoístas de la carne.

En cada generación, el sistema del mundo se reconfiguraba, en un ciclo continuo de emerger y morir, imperios, reyes y dinastías surgían para luego morir con el tiempo, sin importar cuanto demorara, tarde o temprano ese ciclo funcionaría.

LOS SISTEMAS ESPIRITUALES

Podemos entender que hay tres principios que subyacen en todo sistema, estos son la interacción, el equilibrio interno justo y el movimiento continuo.

Estos tres principios también son parte de las dinámicas de Dios, en el libro "Babilonia al Descubierto", compartíamos como en el cielo operaban tres casas o agrupaciones de seres espirituales, cada una de ellas poseía una función específica que definimos a través de las escrituras.

Le asignamos a estas tres casas, la tipología de casa de la administración, de las comunicaciones y de la guerra, con el fin de entenderlas y estudíarlas en las escrituras, pero luego de visualizarlas con claridad, podemos definir que en verdad son sistemas que operan para establecer la realidad de un gobierno o influencia sobre un territorio, estas casas y sistemas necesitarán obligatoriamente mantener una interacción externa, un equilibrio de justicia y un movimiento continuo para llevar a cabo su misión.

Los sistemas se esfuerzan por mantener estas tres características, porque una vez que se quiebran, el sistema se autodestruye a sí mismo o se corrompe y sus componentes pasan a ser parte de otros sistemas, mueren o se transforman.

Todos los sistemas que generan y se mueven en la vida, fueron creados desde un diseño divino, un diseño eterno, existieron primero en el corazón del Padre, los árboles del reino vegetal y sus sistemas de alimentación por fotosíntesis existen porque antes ya existía ese sistema espiritual que interactúa con el sistema de la luz, así mismo las aves del cielo, las estrellas y los seres que se mueven en la tierra, fueron ideados en una dimensión sin tiempo, para luego ser formados en la realidad temporal que nos describe Génesis.

Cada día de la creación en los primeros capítulos de Génesis, Dios ordenó y trasladó desde la realidad eterna un diseño y un sistema celestial vivo a la dimensión física.

Por lo que tenemos en los siete días del Génesis, siete sistemas vivos y eternos que forman la dimensión de gobierno del cielo sobre la tierra, cada una de las creaciones de Dios en nuestro planeta y en el universo, fueron manifestaciones tangibles de siete sistemas espirituales que componen la dimensión divina de Dios, la sostienen como columnas.

"La sabiduría edificó su casa, labró sus siete columnas."
Proverbios 9:1

Estos siete días del Génesis son siete sistemas espirituales, estos siete sistemas son las siete columnas que labra la sabiduría y que sostienen la creación generando una dimensión, esa misma dimensión está representada en el huerto del Edén por el árbol de la vida, como un árbol que manifiesta cada una de esos sistemas eternos.

Muchos hijos del Señor a quienes Dios les ha permitido ver el árbol de la vida y tener una experiencia con esta dimensión, lo visualizan como un árbol con muchos colores diferentes, como un árbol semejante a un arcoíris en colores, porque en la luz de este árbol se manifiesta toda la multiforme gracia de Dios.

Este árbol tiene siete ramas, que son las siete columnas, este árbol es Cristo mismo, quien posee en Él los siete sistemas espirituales de Dios para formar su dimensión.

Antes de continuar y explicar por las escrituras lo que hablamos de este árbol, necesitamos comprender los siete días de la creación desde otro ángulo.

Abra su espíritu para que sea el Espíritu Santo quien pueda enseñarnos en estas líneas y en verdad comprendamos que los siete días de la creación no están sujetos a las leyes materiales que hoy conocemos, sino que en aquel momento se estaban trasladando diseños eternos a la tierra, sistemas espirituales.

Los primeros días son contados aún antes de existir el sol y la luna (que fueron creados en el cuarto día), así que el relato de Génesis no está simplemente mostrando una semana de mucha creatividad, mas bien revelan el traslado de los diseños y sistemas del cielo a la realidad tangible.

Las Diferentes Dimensiones

Primero Dios crea un principio, un paréntesis estacional eterno dentro de su inmensa dimensión sin tiempo, el crea un alfa y un omega para establecer la eternidad, Dios crea un principio y un final, en este paréntesis dispone los cielos (segundo y tercer cielo) y la tierra (realidad material), es decir dimensiones distintas, lo eterno e invisible, lo tangible y en medio de ambos un segundo cielo abstracto, que como hemos explicado se constituiría en el mundo caído al pecar la humanidad.

Estas dimensiones son diferentes entre sí, la eterna del tercer cielo está regido por su trono en el monte del testimonio y en ella hay creaciones angelicales en una constante dinámica.

El orden de aquella dimensión ya fue una vez interrumpido, el sistema se corrompió con las contrataciones de Lucero, quien usó la interacción del sistema para su beneficio, por lo que es desterrado de su posición, aún así, para volver a establecer la luz sobre el caos, se inicia el proceso de juicio contra los ángeles caídos, dejando la condenación final de Lucero sujeto al plan redentivo del hombre, en medio de la eternidad es imposible condenarlo, en un presente continuo, el pecado de Lucero sería imposible de redimir e imposible de condenar, por lo que son todos desterrados a una dimensión temporal, donde los días permitieran un pasado y un futuro que estableciera el proceso de juicio y condena.

El Padre sabía que la destrucción justa de los poderes de las tinieblas no podía ser otorgada directamente por Él, su grandeza lo posicionaba por sobre todas las cosas, tenía que ser una creación quien lo condenara, es aquí donde la realidad tangible comienza a moldearse para que el hombre entre en escena.

El hombre debía establecer el gobierno de Dios en esta dimensión temporal y desde esa posición sujetar las tinieblas, al multiplicarse y llenar el universo, expandiría el huerto de vida desde Edén, esta expansión significaba la creciente influencia del árbol de la vida y del orden divino sobre todo lo tangible, los sistemas de Dios se multiplicarían en el Hombre.

El Padre entonces en su sabiduría infinita, ve la caída del hombre antes de crearlo, pero esto le permite la oportunidad de demostrar a toda la creación, eterna y tangible, que Él es misericordioso y justo, no solo redimirá al hombre, en el proceso condenará definitivamente a Lucero.

"1. En el principio creó Dios los cielos y la tierra.
2. Y la tierra estaba desordenada y vacía,

y las tinieblas estaban sobre la faz del abismo, y el Espíritu de Dios se movía sobre la faz de las aguas."
Génesis 1:1-2

El proceso creacional avanza sin demoras, Dios entonces establece la dimensión tangible desde el agua, que es el primer elemento que es trasladado de lo invisible a lo material, no se ve a Dios llamando al agua, simplemente el agua está presente como primer elemento de lo tangible, para poder gestar en estas aguas todas las demás cosas.

El agua comienza a ser movida entonces por el Espíritu, sin movimiento no hay vida, para iniciar el proceso de incubación de los diseños divinos, el Espíritu se mueve sobre las aguas primigenias.

Todo sistema vivo implica movimiento, y esa agitación comienza a ocurrir por acción del Espíritu.

La creación universal esta desordenada y vacía, sin forma ni propósito, el abismo que aquí describe no es el inframundo, sino la apertura entre lo tangible y la dimensión eterna, como un gran agujero negro que se abre, no para succionar, sino para trasladar esos sistemas vivos desde lo eterno y transformarse en creaciones materiales, dinámicas y tangibles.

Este abismo que se abría desde el alfa y la omega, irrumpiendo el paréntesis temporal, para crear galaxias y planetas.

La creación era un gran mar de "aguas" primigenias, como un infinito campo magnético que llena los espacios y universos, una sustancia espiritual que va cambiando su configuración para hacerse perceptibles a lo natural, una de sus gotas se convierte en oxígeno e hidrógeno molecular y espera suspendida en el espacio la voz de Dios, mientras en su interior infinitas posibilidades se mueven para convertirse en vida.

Esa gota es pequeña en la galaxia infinita, en el abismo sin forma, es diminuta a los ojos del Padre, pero gigantesca para nosotros, porque contiene átomos, moléculas, células indefinidas, mares, aire, minerales y posibilidades infinitas.

Conocer y Relacionarnos **con el Padre** implica conocer y relacionarnos con sus Hijos... la Ekklesia

3° DIMENSION

LOS SIETE DÍAS Y LOS SIETE SISTEMAS

DÍA UNO, PRIMER SISTEMA
Sistema de Luz y Definiciones

> *"3. Y dijo Dios: Sea la luz; y fue la luz.*
> *4. Y vio Dios que la luz era buena; y separó Dios la luz de las tinieblas. 5. Y llamó Dios a la luz Día, y a las tinieblas llamó Noche. Y fue la tarde y la mañana un día."*
> **Génesis 1:3-5**

Dios habla sobre su creación, el Verbo traspasa el límite de lo eterno e irrumpe, el primer sistema se traslada a lo tangible al decir "sea la luz", este sistema consiste en el efecto de la luz de Dios sobre todas las cosas, para separar y definir lo indefinible, este sistema radica en la interacción de la luz al introducirse sobre aquello que aún no podemos determinar, permitiendo que lo definamos.

> *¿Por dónde va el camino a la habitación de la luz,*
> *y dónde está el lugar de las tinieblas?*
> **Job 38:19**

Aun Job conoce que la luz posee una habitación, es decir que esta luz implica en sí misma un sistema, se mueve, interactúa dentro y fuera de sí misma, posee una estructura espiritual y un ritmo de movimiento, esta luz es un fuego espiritual que remueve y prefija una realidad.

Esta luz genera un sistema de definiciones, cuando la luz entra e interactúa, podemos nombrar y definir lo que está frente a nosotros, determinando lo que nos rodea según la luz que reposa sobre lo externo que estaba antes oculto.

Este versículo de Génesis nos muestra como Dios estableció la luz y luego comenzó a nombrar aquello que era delimitado por la luz, a las tinieblas como Noche y a la luz llamó Día.

Ese acto de nombrar, definir y determinar, solo puede producirse mediante la luz, y es fundamental para todo proceso creativo, es una acción viva que irrumpe y moldea, para definir un propósito y un orden a cada elemento.

Sin definir y determinar es imposible cualquier proceso creativo, fue en base a este sistema que Adán debe darle nombre a cada animal de la tierra, definir implica gobernar, entonces sobre aquello que estoy definiendo.

> *"Determinarás así mismo una cosa y te será firme,*
> *y sobre tus caminos resplandecerá luz."*
> **Job 22:28**

La luz, como sistema vivo y eterno, va generando esas determinaciones, nada que permanece en tinieblas puede ser definido, porque es confuso y oculto, entonces las resoluciones se convierten en ilusiones inestables, porque no nacieron del sistema de la luz, esta inestabilidad de lo confuso, impide que se pueda edificar o crear algo duradero sobre aquello.

Lo que procede de la luz perdura, porque es genuino, lo que está oculto es confuso e inconsistente.

*"El que se cubre de luz como de vestidura,
que extiende los cielos como cortina."*
Salmos 104:2

El salmista sabe que la luz viste al Padre, la vestidura es una manera de definir el propósito de algo, si nos vestimos de luto, de ropa deportiva o de gala, estamos mostrando una definición para la ocasión, estamos haciendo ver una determinación específica y el contexto en el que nos movemos.

Dios se viste de luz, lo externo no puede determinarlo o definirlo, sino que Él define lo que le rodea.

Nada cerca de Él puede quedar sin determinar su posición, nada cerca de Él puede quedar en lo confuso, tendrá que definirse por efecto de esta luz.

Lo puro se purifica más y lo impío manifiesta su impiedad, las tinieblas se define como Noche y la luz como Día, porque el sistema de la luz de Dios implica definiciones.

Los sistemas vivos de Dios, como la luz, no compiten entre sí, sino que interactúan unos con otros como un cuerpo vivo, así como en nuestro organismo podemos ver diferentes sistemas conectados y vinculándose de forma dinámica, sistema respiratorio, sanguíneo, endocrino, nervioso, etc.

Los sistemas vivos de Dios van desarrollándose uno dentro o a la par de otros, volviéndose específicos, vinculándose, añadiéndose y conectándose entre sí.

El agua y el movimiento del Espíritu esperaban la voz del Padre, el Verbo actuó trayendo el sistema de la luz, dando paso con este movimiento, el traslado del resto de los sistemas vivos.

DÍA DOS, SEGUNDO SISTEMA
Sistema de Expansión y Frontera

> *"6. Luego dijo Dios: Haya expansión en medio de las aguas, y separe las aguas de las aguas. 7. E hizo Dios la expansión, y separó las aguas que estaban debajo de la expansión, de las aguas que estaban sobre la expansión. Y fue así. 8. Y llamó Dios a la expansión Cielos. Y fue la tarde y la mañana el día segundo."*
> **Génesis 1:6-8**

Dios ordena que se establezca la expansión, si la luz permitía definir, el sistema de la expansión viene a delimitar y separar lo que ya está definido.

Esta separación no tiene que ver con alejar algo simplemente, sino que es la manera de traer orden sobre las cosas que ya fueron definidas, generar una frontera para interactuar en ella.

" Miré, y he aquí en la expansión que había sobre la cabeza de los querubines como una piedra de zafiro, que parecía como semejanza de un trono que se mostró sobre ellos."
Ezequiel 10:1

El profeta ve este sistema espiritual sobre las cabezas de los querubines, sobre esta expansión el trono de Dios que se asemeja a una piedra de zafiro, es decir que la expansión tomaba su color del reflejo del trono, un fuerte color azulado, pero más que su aspecto lo interesante es ver como esta expansión separaba el trono de los querubines, es decir que a pesar de la cercanía y el poder de estos seres espirituales, la expansión los delimitaba.

La expansión es un sistema de diferentes niveles que opera como término, permeable pero limitante a la vez, en lo natural en la expansión física están las diferentes capas de gases que nos protegen de la radíación del espacio y del sol, y que a la vez nos generan una atmósfera para que todo viva, la expansión eterna sin embargo, es un sistema espiritual vivo de delimitación, este sistema no solo está en la atmósfera, también podemos verlo en nuestra piel, como una frontera permeable que delimita nuestro interior de lo externo, así mismo en las membranas celulares, en las cortezas de los árboles, etc., la expansión es un sistema espiritual que viene a delimitar para separar una realidad de otra.

Si leemos con detención el relato de Ezequiel en todo el primer capítulo, veremos que la expansión protegía a los querubines de la gloriosa presencia de Dios, como una barrera de cristal que hacía de escudo frente al trono.

La luz del Padre juzgaba y quemaba de tal forma lo impuro, que estos necesitaban cubrirse de esa gloria y de alguna manera la expansión sería un escudo permeable, pero protector a la vez de esos niveles de gloria que el trono de Dios manifestaba.

" El edificó en el cielo sus cámaras, y ha establecido su expansión sobre la tierra; él llama las aguas del mar, y sobre la faz de la tierra las derrama;Jehová es su nombre."
Amos 9:6

Amos nos relata como las cámaras de Dios en su dimensión celestial, están separadas de lo tangible y lo material, por el sistema de la expansión, que es un umbral permeable.

Veremos que este sistema fronterizo posee dentro de si el dominio de los tiempos y de las estaciones a través del sistema de las lumbreras, de alguna manera la expansión opera como una frontera penetrable que se abre y cierra acorde a las estaciones y los tiempos que el sistema de las lumbreras producen.

Cuando hablamos del segundo cielo, debemos entender que este es una dimensión que opera como la expansión, pero en una condición caída, hace de frontera permeable y es afectada por otros sistemas desde la tierra, pero no podía penetrar a los cielos de Dios.

Cuando el hombre cayó, se interpuso un muro entre Dios y los hombres, entre el segundo y tercer cielo, con una muralla de separación, este velo separador no tenía permeabilidad, ni interacción, ni movimiento, simplemente separaba e impedía la entrada, como las espadas que impedían la entrada al huerto en Edén.

Este velo fue rasgado y quitado a través de la carne de Cristo, representándose esa realidad en el velo que separaba el Lugar Santo del Santísimo, ahora el segundo cielo tendría la oportunidad de ser conmovido por la luz que procedía de la eternidad, el segundo cielo como expansión, podía llenarse de una verdadera lumbrera, en la medida en que los hombres sujetaran sus almas a la luz de Cristo.

DÍA TRES, TERCER SISTEMA
Sistema de Conjuntos y Reunión

"9. Dijo también Dios: Júntense las aguas que están debajo de los cielos en un lugar, y descúbrase lo seco. Y fue así. 10. Y llamó Dios a lo seco Tierra, y a la reunión de las aguas llamó Mares. Y vio Dios que era bueno. 11. Después dijo Dios: Produzca la tierra hierba verde, hierba que dé semilla; árbol de fruto que dé fruto según su género, que su semilla esté en él, sobre la tierra. Y fue así. 12. Produjo, pues, la tierra hierba verde, hierba que da semilla según su naturaleza, y árbol que da fruto, cuya semilla está en él, según su género. Y vio Dios que era bueno. 13. Y fue la tarde y la mañana el día tercero."
Génesis 1:9-13

Se reúnen las aguas en un solo lugar, un conjunto, es la primera agrupación o reunión que Dios establece, para dar espacio al contraste de lo seco que estaba por debajo de ella y traer orden.

Es muy lógico pensar que sin reunir las aguas y descubrir lo seco, sería imposible que las semillas sumergidas se mostraran, pero la verdad es que aún existen semillas que pueden subsistir como cultivos hidropónicos, aunque muy pocas.

Lo primero que necesitamos comprender, que no solo esta acción es para mostrar las semillas, si no que Dios determinó que lo seco gobernara sobre las aguas reunidas, sujetar las aguas y darles límites, poner una frontera de sus olas y corrientes.

Lo seco representaba al monte del testimonio, Dios reunió y elevó también lo seco a alturas superiores a las olas del mar, para sujetar las aguas bajo el gobierno de lo seco, que llamó Tierra.

Sabemos que las placas tectónicas de lo seco están cada día también en movimiento, debajo de ellas hay minerales fundiéndose unos con otros a temperaturas enormes, pero lo seco se agrupa por placas que operan como una vasija que contiene las aguas y las gobierna.

Esto es muy importante para comprender que el Padre ya estaba determinando que el hombre, su creación gobernadora, como regidor del universo tangible, debía ser formado corporalmente de lo seco y darle a este elemento una posición de gobierno sobre las aguas.

Reunir las aguas, implicaba agrupar también lo seco por debajo de ella, mostrar cada elemento y determinar una pertenencia, este día tercero, Dios manifestó el sistema de reunión, en donde cada elemento sabe que necesita permanecer reunido a aquello semejante a sí mismo.

" Les mandó luego, y les dijo: Yo voy a ser reunido con mi pueblo. Sepultadme con mis padres en la cueva que está en el campo de Efrón el heteo,"
Génesis 49:29

Vemos que los santos del antiguo pacto comprendían que la sepultura implicaba reunirse al polvo, es decir a lo seco que a la vez reunía el cuerpo inerte, al polvo de sus antepasados y de otras familias.

Ellos no pedían que sus cenizas fueran arrojadas al mar o por los ríos, simplemente porque sabían que en lo seco se reunían todos los cuerpos físicos de los hombres.

El sistema de reunión entonces, implica que me incorporo al conjunto de aquello a lo que pertenezco.

Las semillas también son parte de este sistema de agrupación o reunión, ya que estas fueron establecidas en su fruto y según su género, es decir reunidas según una pertenencia, según una naturaleza especifica.

" *Y junten toda la provisión de estos buenos años que vienen, y recojan el trigo bajo la mano de Faraón para mantenimiento de las ciudades; y guárdenlo.*"
Génesis 41:35

" *Y él reunió todo el alimento de los siete años de abundancia que hubo en la tierra de Egipto, y guardó alimento en las ciudades, poniendo en cada ciudad el alimento del campo de sus alrededores.*"
Génesis 41:48

José decide reunir el trigo y todo tipo de alimentos y semillas, los vegetales pertenecen en sí mismo al sistema de reunión y de conjunto, las semillas tienen más probabilidades de sobrevivir estando agrupadas, los sistemas del reino vegetal generan bosques con el fin de mantenerse agrupadas y establecer en esa reunión una dinámica de vida, un ecosistema que permita subsistir.

Esta reunión de hectáreas de hierbas, árboles y vegetales que llamamos bosques, operan bajo el principio de reunión y de pertenencia, los mamíferos, aves y otro tipo de seres vivos, no requieren en sí mismo de esta reunión, pueden sobrevivir fuera de su manada o cardumen, pero los vegetales necesitan el sistema de reunión para preservar la semilla y polinizar otros vegetales.

El problema hoy en día es que se han talado los bosques y se han suplantado por monocultivos, es decir que un solo tipo de semilla o árbol se cultiva año tras año en la tierra, secándola por completo, el sistema de conjunto no es un sistema de monocultivo, sino de pertenencia de especie, muchas de ellas entonces se agrupan nuevamente para generar un ecosistema de conjuntos de semillas diferentes.

" Y se reunieron los apóstoles y los ancianos para conocer de este asunto."
Hechos 15:6

Los ancianos y los apóstoles se reunían para tratar temas fundamentales que requerían una determinación de parte de la iglesia, este modelo de concilio se origina de este sistema espiritual de reunión que fue trasladado desde lo eterno a la tierra en el día tercero. Los asuntos importantes no debían ser resueltos por una persona, como los sistemas piramidales, sino que debían ser tratados por el concilio en una reunión o conjunto.

El tabernáculo de Moisés fue llamado por Dios "el Tabernáculo de Reunión", en él se juntaban los ancianos y las tribus según el sonido de las trompetas, al reunirse Dios enviaba su orden y su guía para moverse y actuar, se generaba un ecosistema entre las diferentes tribus, el tabernáculo entonces permitía la operación de este sistema de conjunto en Israel.

El nombre del tabernáculo es interesante, ya que nos permite comprender que para Dios, el tabernáculo era importante porque llamaba a la reunión, a la agrupación de las tribus como un solo cuerpo.

Una vez acabado el tiempo del tabernáculo, David recuperó este elemento en la edificación del templo, los israelitas debían reunirse cada fiesta solemne para reforzar su partencia como pueblo de Dios.

La reunión entonces fue un modelo que no caducó, sino que fue reforzado por Cristo en la cena de la noche de su entrega, Cristo confirmó su pacto en su sangre y su carne estando todos reunidos y posteriormente les mandó, mantenerse reunidos a la espera de la manifestación del Espíritu Santo en Pentecostés.

La Fiesta de Pentecostés se conocía por ser la fiesta de los primeros frutos, la fiesta de las semillas nuevas cosechadas recientemente, esta fiesta implicaba reunirse, por lo que todos los israelitas de diferentes naciones venían al templo, fue en medio de esta reunión donde el Espíritu Santo fue soltado para cambiar la conciencia de Israel y dar a luz la iglesia, el cuerpo de Cristo, un ecosistema vivo basado en el tercer día.

Las semillas pertenecen al sistema de reunión del tercer día, ya que juntas originan un ecosistema vivo, las familias también son parte de este sistema y es reuniéndose como pueden generar vida, una familia separada va secando a sus miembros, que serán como una planta solitaria, lejos de un jardín tiene menos posibilidades de sobrevivir y estar sana.

El sistema de reunión del tercer día, y su capacidad de generar un ecosistema que da frutos y nuevas semillas, está íntimamente ligado al tercer día de la resurrección del cuerpo, como ecosistema sobrenatural y eterno, y por supuesto está vinculado también a la iglesia como cuerpo y ecosistema de Cristo.

CUARTO DÍA, CUARTO SISTEMA
Sistema de Tiempo y Proceso

"14. Dijo luego Dios: Haya lumbreras en la expansión de los cielos para separar el día de la noche; y sirvan de

señales para las estaciones, para días y años, 15. y sean por lumbreras en la expansión de los cielos para alumbrar sobre la tierra. Y fue así. 16. E hizo Dios las dos grandes lumbreras; la lumbrera mayor para que señorease en el día, y la lumbrera menor para que señorease en la noche; hizo también las estrellas. 17. Y las puso Dios en la expansión de los cielos para alumbrar sobre la tierra, 18. y para señorear en el día y en la noche, y para separar la luz de las tinieblas. Y vio Dios que era bueno. 19. Y fue la tarde y la mañana el día cuarto."

Génesis 1:14-19

Dios ordena a la expansión llenarse de lumbreras, sol, luna y estrellas para establecer la temporalidad, estaciones, años y días.

Hemos comprendido que sin estaciones de tiempo, el pecado no puede ser redimido ni castigado, porque sin temporalidad no puede desarrollarse un proceso de juicio. Cuando Dios establece la temporalidad en el cuarto día, está creando la posibilidad de una carrera o un transcurso de eventos temporales, se crea entonces el proceso.

Este proceso posee días, años y estaciones, para Dios ésta es la medida que Él estableció a través de las lumbreras en la expansión, este proceso encerraría el dilema de la batalla del caos de Lucero contra la verdad de Dios en un conflicto temporal, estableciendo de antemano un fin.

El tiempo no es un enemigo, cuando comprendemos que fue creado por Dios, entendemos que hay una necesidad de que exista un tiempo para todo y que este tiempo nos permite una redención.

El tiempo es un enemigo solo para el pecado y las tinieblas, porque siempre el tiempo fue gobernado por la luz y las lumbreras.

> *"porque así como la mujer procede del varón, también el varón nace de la mujer; pero todo procede de Dios."*
> **1 Corintios 11:12**

Estas palabras de Pablo son importantes para comprender el dilema de la temporalidad, en este caso el apóstol está hablando de el orden en que hombre y mujer fueron puestos en la tierra, dejando en claro que así como la mujer fue formada posteriormente (en lo que a lo temporal se refiere) del costado del varón, y éste nace de la mujer posteriormente (en lo que a lo temporal se refiere), todos procedemos de Dios, que no está sujeto al tiempo y que por lo tanto nos sitúa a todos, hombre y mujer, en una misma posición eterna.

Ya que la humanidad, hombre y mujer, fue bendecida antes de ser puesta en el huerto sujeto a los años, estaciones y días, el orden temporal en que se manifiestan posteriormente, no implica una superioridad, ya que ambos fueron formados primero en la eternidad de Dios.

> *"Pero yo le conozco, porque de él procedo, y él me envió."*
> **Juan 7:29**

Jesús usa el mismo término al hablar de sí mismo y del Padre, está explicando una procedencia temporal, "…de él procedo y él me envió", son términos que solo pueden hablarse en una dinámica transitoria como nuestra dimensión, "él me envió" implica un tiempo pasado, un transcurso que no existe en la eternidad de Dios, pero sí ocurre en la temporalidad del proceso de la humanidad.

El sistema temporal del cuarto día, es el sistema del tiempo y el proceso, pero esto no involucra una superioridad de poder o relevancia del uno sobre otro, en cuanto al Padre sobre el Hijo, ya que esa noción temporal solo está en nuestra dimensión, en lo eterno, el Padre y el Hijo son uno solo.

> *"También le dijo Dios: Yo soy el Dios omnipotente: crece y multiplícate; una nación y conjunto de naciones procederán de ti, y reyes saldrán de tus lomos."*
> **Génesis 35:11**

El Padre puede hablar a Jacob y prometer esta realidad que aún no se manifestaba ni existía a su alrededor, porque ésta ya estaba presente frente a él, pero debía entrar en el proceso de nuestra dimensión, debía tener un principio y una transición hasta que salieran las tribus, la nación, sus reyes y dinastías.

Este sistema de tiempo y procesos se originó el cuarto día y dio paso no solo al tiempo sino también a la longitud.

> *"30. y decís: Si hubiésemos vivido en los días de nuestros padres, no hubiéramos sido sus cómplices en la sangre delos profetas. 31. Así que dais testimonio contra vosotros mismos, de que sois hijos de aquellos que mataron a los profetas. 32. ¡Vosotros también llenad la medida de vuestros padres!"*
> **Mateo 23:30-32**

Cristo está mostrándole a los fariseos, que ellos que se escandalizaban de sus antepasados por matar a los profetas, estaban dentro del proceso que iniciaron sus padres, procedían de ellos y eran parte de su medida.

Este relato de Jesús nos describe algo más sobre el sistema del tiempo y el proceso, y es que este sistema dio inicio a las medidas.

La temporalidad implicó un conteo (años, estaciones y días), una numeración para comprender dicho proceso o transición de tiempo, este conteo permitió el desarrollo entonces de la medida.

El hombre comenzó a pensar cómo medir la transición entre un punto y otro, cómo contabilizar el recorrido del tiempo desde un punto a otro, cómo medir el camino físico, cómo se medía el recorrido temporal, así fue como estableció una medida, primero usando sus manos y codos, o pasos y días de camino, luego usando medidas estandarizadas que les permitieran replicar este sistema temporal del cuarto día, en un sistema numeral.

La expansión (sistema de frontera) y sus lumbreras (sistema temporal), dieron paso a las medidas (fronteras) y al sistema numeral.

Muchos más podríamos comprender sobre este sistema del cuarto día, pero por ahora es importante que comprendamos que cada día implicaba un sistema del cielo siendo trasladado a lo eterno.

Así que, aunque Dios habita sin tiempo, el mismo posee medidas que trasladó al entendimiento de nuestra dimensión, para que podamos comprender su justicia, la que implica siempre un peso y una medida.

"17 Y midió su muro, ciento cuarenta y cuatro codos, de medida de hombre, la cual es de ángel."
Apocalipsis 21:17

Quinto Día, Quinto Sistema
Sistema de los Vivientes y su Conciencia.

"20. Dijo Dios: Produzcan las aguas seres vivientes, y aves que vuelen sobre la tierra, en la abierta expansión de los cielos. 21. Y creó Dios los grandes monstruos marinos, y todo ser viviente que se mueve, que las aguas produjeron según su género, y toda ave alada según su especie. Y vio Dios que era bueno. 22. Y Dios los bendijo, diciendo: Fructificad y multiplicaos, y llenad las aguas en los mares, y multiplíquense las aves en la tierra. 23. Y fue la tarde y la mañana el día quinto."
Génesis 1:20-23

Dios ordena la reaparición de seres vivientes de las aguas, es importante que comprendamos que Dios divide la naturaleza de las cosas en sus sistemas, los vegetales no son considerados seres vivientes, poseen un tipo de vida y bendición, distinto al de las especies del mar, las aves y los animales de la tierra.

Los seres vivientes poseen una capacidad mucho más autónoma que el resto de la vida del universo y pueden generar afectos y un tipo de conciencia, el término "viviente", es el mismo que se usa para hablar más adelante de Adán como "alma viviente", esto implica que tanto la humanidad como las bestias, podían generar esos afectos, una voluntad y un tipo de conciencia según su especie.

En el quinto día Dios añade al mundo el sistema de los seres vivientes, en este día comienza con los seres de las aguas, tanto los que se moverán en las aguas de arriba (nubes y cúmulos gaseosos) como los que se moverán en las aguas de abajo (mares y abismos), los forma y los bendice para multiplicarse.

El Padre ha establecido diferentes sistemas en el universo y cada uno parece añadir complejidad a la dimensión que se está formando en lo tangible, estos sistemas están operando entre sí, se conectan, interactúan y van generando nuevos procesos vivos.

Sin embargo en el quinto día, la gracia se desborda, Dios está soltando un sistema radicalmente nuevo y vivo desde su dimensión, el sistema de los vivientes con voluntad propia. Este sistema es distinto no solo por su complejidad, sino porque estos tienen una capacidad elevada de adaptación, voluntad y conciencia de su entorno que los hace diferentes a los otros sistemas.

Los seres vivientes tienen sangre, y esta sangre posee un diseño distinto al de otros sistemas vivos del universo, esta sangre tiene una conciencia, una memoria genética que puede reproducir la vida o la muerte, puede sonar en la realidad espiritual.

"Porque pasados aún siete días, yo haré llover sobre la tierra cuarenta días y cuarenta noches; y raeré de sobre la faz de la tierra a todo ser viviente que hice."
Génesis 7:4

En los días de Noah, fue esta capacidad de conciencia y voluntad la que ya se había corrompido totalmente en la tierra, aún en los animales que moraban en lo seco.

Podemos notar que en el diluvio, los seres vivientes que perecieron no fueron los del mar o de las aguas, ya que producto de su lejanía de lo seco y de la humanidad, no habían sido corrompidos como lo fueron los que habitaban en la tierra.

Dios decide guardar una pareja de cada especie con Noah, y

volver a llenar poco a poco la tierra de estos seres con conciencia autónoma que la habitaban.

"12. Y dijo Dios: Esta es la señal del pacto que yo establezco entre mí y vosotros y todo ser viviente que está con vosotros, por siglos perpetuos: 13. Mi arco he puesto en las nubes, el cual será por señal del pacto entre mí y la tierra. 14. Y sucederá que cuando haga venir nubes sobre la tierra, se dejará ver entonces mi arco en las nubes. 15. Y me acordaré del pacto mío, que hay entre mí y vosotros y todo ser viviente de toda carne; y no habrá más diluvio de aguas para destruir toda carne."
Génesis 9:12-15

"Abres tu mano, y colmas de bendición a todo ser viviente."
Salmos 145.16

Vemos que Dios hizo un pacto no solo con Noah, sino también con los seres vivientes que los acompañaban ese día, ¿puedes ver el cuadro completo de esto?, Noah junto a su familia rodeado de todos estos animales reciben la luz del cielo como un gran arco de colores vivos, y la voz de Dios no solo hablándole a Noah, sino a todos los animales que habían sido destruidos, ellos escuchan porque Dios está hablándoles al código de la sangre que había en ellos, para prometer nunca más enjuiciar la tierra e inundarla completamente por causa del pecado del hombre.

Salmos nos muestra que Dios tiene un cuidado especial con los seres vivientes, es un sistema y diseño especial para Él, porque estos tienen voluntad, afecto y conciencia de su entorno, de su creador, Dios.

Se les otorga cierta responsabilidad por sus actos, por causa de su conciencia animal, ellos también son juzgados, como la serpiente fue condenada a arrastrarse por el polvo, por no oponerse a ser usada como instrumento de engaño, los seres vivientes son juzgados y protegidos por Dios según su conciencia animal.

> *" Mientras yo miraba los seres vivientes, he aquí una rueda sobre la tierra junto a los seres vivientes,a los cuatro lados."*
> **Ezequiel 1:15**

El sistema de los vivientes es un diseño eterno, que fue establecido en nuestra dimensión en el día quinto, pero ya existía alrededor del trono, en seres angelicales y espirituales de luz que resplandecen como carbones junto al Padre.

Ezequiel intenta relatar su encuentro con estas entidades vivas, pero vemos que solo puede describirnos a qué se asemejan, mas no está seguro si estos vivientes se componen de aquello que él nos relata, solo percibe que tienen voluntad y conciencia propia. Los seres vivientes se diferencian del resto de los sistemas y creaciones, por su conciencia plena del entorno y del resto de sistemas, interactúan de manera consiente con aquello que los rodea, pero por sobre todo, son sistemas complejos que no pueden desarrollarse si los sistemas primeros no son establecidos.

Las ruedas de la creación son movidas por los vivientes, estas ruedas giran según la frecuencia que los vivientes poseen, por lo que toda la creación física está de alguna manera sujeta al ritmo de los vivientes que la componen y habitan en ella, la necesidad de cuidar las especies animales, no solo es por animo de preservación, sino porque ellos son parte de la rueda de la creación de lo tangible, el ciclo de la vida en cada ecosistema está ligado a ellos también.

Todos los movimientos ecologistas, de ayuda a los animales y protección de especies, llegan a esta misma conclusión, la modificación del entorno depende mucho del comportamiento, vida o extinción de los seres vivientes que posee ese territorio, estos determinan el microsistema que los rodea, como también el ecosistema que los afecta y los obliga a adaptarse para sobrevivir.

Si un tipo de ser viviente ingresa a un ecosistema nuevo y se multiplica en él, se transforma en una amenaza para ese ecosistema y para otros seres vivientes que demoran más en adaptarse, si al contrario, un tipo de viviente muere de un ecosistema, obligará a modificarse a todo el entorno o simplemente éste se irá secando.

"8. Y los cuatro seres vivientes tenían cada uno seis alas, y alrededor y por dentro estaban llenos de ojos; y no cesaban día y noche de decir: Santo, santo, santo es el Señor Dios Todopoderoso, el que era, el que es, y el que ha de venir. 9. Y siempre que aquellos seres vivientes dan gloria y honra y acción de gracias al que está sentado en el trono, al que vive por los siglos de los siglos, 10. los veinticuatro ancianos se postran delante del que está sentado en el trono, y adoran al que vive por los siglos de los siglos, y echan sus coronas delante del trono, diciendo:
Apocalipsis 4:8-10

El sistema de los vivientes genera una conciencia colectiva y ésta determina un comportamiento, en el caso del versículo que vemos de Apocalipsis, los seres vivientes junto al trono están en una actitud de adoración que permite e impulsa a los ancianos a esta misma adoración.

Los seres vivientes a través de su conciencia, emiten una orden grupal, es como una conciencia colectiva que opera en ellos para moverse como un cuerpo unido.

Los peces que nadan en cardúmenes sincronizados, las aves que vuelan en bandadas que se turnan y surcan el viento, los animales en manadas con estructuras de comportamientos establecidos, rutas y lugares de apareamiento, todos ellos generan esta conciencia colectiva, que es propia del sistema de los seres vivientes.

Es esta conciencia la que se corrompió y es la que Dios tuvo que juzgar en el diluvio, la tierra estaba contaminada por esa conciencia de violencia, venganza y muerte que permanecía en la voluntad de los hombres, pero que se traspasó a todos los que habitaban lo seco.

SEXTO DÍA, SEXTO SISTEMA
Sistema de la Imagen y la Semejanza.

"26. Entonces dijo Dios: Hagamos al hombre a nuestra imagen,conforme a nuestra semejanza; y señoree en los peces del mar, en las aves de los cielos, en las bestias, en toda la tierra, y en todo animal que se arrastra sobre la tierra.27. Y creó Dios al hombre a su imagen, a imagen de Dios lo creó; varón y hembra los creó. 28. Y los bendijo Dios, y les dijo: Fructificad y multiplicaos; llenad la tierra, y sojuzgadla, y señoread en los peces del mar, en las aves de los cielos, y en todas las

bestias que se mueven sobre la tierra. 29. Y dijo Dios:He aquí que os he dado toda planta que da semilla, que está sobre toda la tierra, y todo árbol en que hay fruto y que da semilla; os serán para comer. 30. Y a toda bestia de la tierra, y a todas las aves de los cielos, y a todo lo que se arrastra sobre la tierra, en que hay vida, toda planta verde les será para comer. Y fue así. 31. Y vio Dios todo lo que había hecho, y he aquí que era bueno en gran manera. Y fue la tarde y la mañana el día sexto."
Génesis 1:26-31

Tal como en el quinto día, Dios ordena a lo seco producir seres vivientes, bestias, serpientes, animales, ganado, etc., según su especie.

Aun los primeros cinco sistemas están uniéndose entre sí y vinculándose, generando una realidad totalmente distinta a lo que se podía apreciar en el primer día, los diferentes sistemas del cielo han sido trasladados al ámbito material por la voz de Dios y se han mostrado conforme al mandato del Señor.

En este sexto día, después de que ordenara a lo seco dar seres vivientes, el Padre se detiene para formar a la humanidad a su imagen y semejanza, en el momento que ordenaba a lo seco producir seres vivos, ya que como veíamos representa lo sólido de su monte y trono, Dios determina formar al hombre.

El hombre comienza a ser formado, pero a diferencia de las órdenes de Dios de ir trasladando diferentes sistemas espirituales al ámbito material, al decir "sea la luz", "haya expansión",

"Júntense las aguas", "Produzcan", "hayan lumbreras", ahora el Padre no da solamente una orden para que algo se manifieste de lo eterno a lo material, sino que Él dice "Hagamos", es decir que se habla a sí mismo, como Dios Elohim, Padre, Verbo y Espíritu Santo.

El término "hagamos" en plural, nos permite comprender que el acto creativo de Dios al formar al hombre, es una acción conjunta de Dios, si bien es cierto entendemos que la naturaleza divina no se contrapone entre sí, no compite ni desarmoniza, sino que siempre concuerdan, es importante resaltar que la humanidad fue formada desde sus inicios para convivir en conexión y en acuerdo con otro y con su entorno, fue formado en plural, para ser como mínimo dos en completa unidad.

El número básico de la creación, no es el cero o el uno, sino el dos, porque Dios comenzó formando así a la humanidad.

Este acto de Dios de hablarse a sí mismo y proponer una creación, y no solamente un traslado de sistema, implica que va a producir un algo único que no es aún conocido ni siquiera en las esferas eternas.

En el caso de la humanidad, este sistema no había sido manifestado antes de este momento, ya que ninguna otra criatura, de las más bellas de los seres angelicales o espirituales, jamás tuvieron la imagen y semejanza de Dios, su pluralidad, su interconexión ni su gobierno.

"Y vivió Adán ciento treinta años, y engendró un hijo a su semejanza, conforme a su imagen, y llamó su nombre Set."
Génesis 5:3

"Porque lo que era imposible para la ley, por cuanto era débil por la carne, Dios, enviando a su Hijo en semejanza de carne de pecado y a causa del pecado, condenó al pecado en la carne;"
Romanos 8:3

"Porque si fuimos plantados juntamente con él en la semejanza de su muerte, así también lo seremos en la de su resurrección;"
Romanos 6:5

La humanidad perdió esa completa imagen y semejanza, los hijos de Adán ya no poseían la totalidad de ese diseño, este sistema se corrompió como todos los otros con la caída y dieron paso al mundo caído, todos nosotros entonces fuimos nacidos bajo el sistema de la semejanza, pero en la imagen del Adán caído y ya no la que poseía la humanidad del sexto día.

Todavía, el hombre sigue teniendo una posición distinta frente al resto de la creación, ya que aún fuera de sus posibilidades, queda en él un molde de lo que alguna vez fue la imagen y la semejanza de Dios.

Ese molde fue usado por Cristo, quien se encarnó en la semejanza del Adán caído, en corrupción de la carne, para hacer nacer de nuevo bajo el mismo sistema de la semejanza, la imagen y sustancia de Dios en el hombre, por medio de la resurrección.

"No te harás imagen, ni ninguna semejanza de lo que esté arriba en el cielo, ni abajo en la tierra, ni en las aguas debajo de la tierra."
Éxodo 20:4

"El carpintero tiende la regla, lo señala con almagre, lo labra con los cepillos, le da figura con el compás, lo hace en forma de varón, a semejanza de hombre hermoso, para tenerlo en casa."
Isaías 44:13

El sistema de la imagen y la semejanza es profundamente poderoso, porque conlleva una representación de algo que se traslada para gobernar e influir sobre el entorno. De aquí que exista una prohibición en Éxodo sobre hacer figuras que posteriormente se transformarían en objetos de culto, de adoración y de influencia.

Los profetas como Isaías también corroboraban esa autoridad que una imagen puede establecer hasta embotar el entendimiento y la conciencia colectiva bajo un gobierno de la imagen.

En el caso de la humanidad del sexto día, su semejanza e imagen de Dios implicaba gobernar sobre la creación, ya que el gobierno es parte esencial de la naturaleza divina, todo el potencial de gobierno, estaba siendo establecido en el hombre solo por poseer esa imagen y semejanza.

*"19. Hicieron becerro en Horeb,
se postraron ante una imagen de fundición.
20. Así cambiaron su gloriaPor la imagen
de un buey que come hierba."*
Salmos 106.19-20

"y cambiaron la gloria del Dios incorruptible en semejanza de imagen de hombre corruptible, de aves, de cuadrúpedos y de reptiles."
Romanos 1:23

El salmista vuelve a recalcar algo que necesitamos comprender de este sistema, y es que las imágenes y semejanzas poseen una poderosa influencia para establecer gobierno sobre los demás.

Las escrituras nos repiten una y otra vez, como estos versículos de Salmos, que aun siendo la imagen de algo tan doméstico como un buey que se alimenta de hierba, ésta puede producir tal efecto sobre la conciencia, que puede gobernar sobre ellos y corromper completamente el entendimiento.

Una imagen puede ir transformándonos poco a poco, cuando nos centramos en ella y depositamos nuestra fe, este sistema que fue desarrollado en el día sexto, ha sido usado torcidamente más que cualquier otro sistema, a través de iconos, representaciones y símbolos de poder que van gobernando sobre la mente humana.

Hasta el día de hoy, el sistema de la imagen y semejanza es manipulado para establecer un modelo imitable que el resto de los hombres buscan replicar, como una imagen a la que se le da valor y adoración.

El sistema de la imagen y la semejanza era perfecto en su diseño, lo que conocemos hoy en el arte, la entretención o las comunicaciones, es solo una versión torcida del poder real de dicho sistema, pero cuando este ingresa nuevamente al mundo de manera pura, genera vida y gloria inconmensurable.

"Por tanto, nosotros todos, mirando a cara descubierta como en un espejo la gloria del Señor, somos transformados de gloria en gloria en la misma imagen, como por el Espíritu del Señor."
2 Corintios 3:18

Los sistemas no son perversos en sí, sino que son verdades que en la caída fueron sujetadas a vanidad, siendo corrompidas por el hombre formando el mundo caído, sin embargo todavía este sistema del día sexto, podemos verlo funcionando en las palabras descritas por el apóstol Pablo.

Como hijos de Dios, necesitamos mirar a cara descubierta la gloria, la imagen de Cristo, para ir transformándonos y ser semejantes a Él.

SÉPTIMO DÍA, SISTEMA SÉPTIMO
Sistema del Reposo en movimiento

> *"1. Fueron, pues, acabados los cielos y la tierra, y todo el ejército de ellos. 2. Y acabó Dios en el día séptimo la obra que hizo; y reposó el día séptimo de toda la obra que hizo. 3. Y bendijo Dios al día séptimo, y lo santificó, porque en él reposó de toda la obra que había hecho en la creación."*
> **Génesis 2:1-3**

En el séptimo día el Padre ya ha trasladado cinco sistemas de las esferas eternas a la tangible y un sexto sistema fue formado nuevo entre ambas dimensiones, el sistema de la imagen y la semejanza.

Los días anteriores, al terminar su obra el Señor bendecía ese día al determinar que "era bueno", el sexto día al completar el sistema de la semejanza en el hombre, el Padre bendijo no solo ordenando que fructificara o se multiplicara, sino que dijo "es bueno en gran manera", es decir que su creación y este nuevo sistema de imagen y semejanza que interactuaba entre dos dimensiones era virtuoso sin medida.

Todos estos seis sistemas daban paso a un séptimo que sería central, un macro sistema final que generaba la dimensión de Dios en el huerto.

Ahora pasamos al séptimo día y resulta ser el más interesante de todos, porque es el último día, el estado final de las cosas, la dimensión de Dios está completa en la tierra para el hombre, no volvería en el plan original a establecerse un primer día semanal, los siete días de la creación no son días cronológicos con medida humana, son tiempos creacionales distintos, capaz de encerrar en ellos el sistema de las lumbreras y las medidas.

Todas las otras tardes y mañanas siguientes debían ocurrir dentro del séptimo día, que sería un día eterno de vida abundante, el tiempo fluiría dentro de una vida eterna.

Este séptimo día comienza con la santificación y bendición del Señor, las escrituras nos detallan que Dios decidió reposar de todas sus obras completas, pero vemos que este reposo no implicaba ociosidad, como hoy entendemos el reposo, sino un estado de quietud productiva.

El séptimo día es el sistema del "reposo en movimiento", que es la dimensión de Dios y del reino, la dinámica genuina del gobierno del cielo.

El reposo para nada tiene que ver con inercia, si leemos con atención, fue en este día que la mujer, luego de estar en el costado del hombre, fue formada para caminar con él, fue en este día donde Adán recibió el mandato de no comer del árbol de la ciencia del bien y del mal, de labrar y cuidar, porque el reposo no tenía que ver con una apatía, o como el resultado de estar exhausto de tanto trabajo, sino que sería como el continuo movimiento de las aguas de un río en calma.

"mas el séptimo día es reposo para Jehová tu Dios; no hagas en él obra alguna, tú, ni tu hijo, ni tu hija, ni tu siervo, ni tu criada, ni tu bestia, ni tu extranjero que está dentro de tus puertas."
Éxodo 20:10

El hombre ya contaminado con el esfuerzo por sobrevivir del mundo, con el temor a la muerte y a todas sus formas, como la miseria y la enfermedad, no cesaba de trabajar, de preocuparse, de correr, hacer, actuar y llenarse de ansiosa preocupación.

Dios le ordena a Israel recordar que Dios se detuvo en el séptimo día, no porque estaba cansado, sino porque ya todo estaba hecho, así que la manera de introducir a Israel en esta verdad, sería dándole el doble de maná el sexto día, el doble de comida, el año antes del año sabático, para que ellos reposaran entendiendo, que no era un descanso de cansancio, sino de la convicción de que ya todo estaba hecho.

"15. Entonces el Señor le respondió y dijo: Hipócrita, cada uno de vosotros ¿no desata en el día de reposo su buey o su asno del pesebre y lo lleva a beber? 16. Y a esta hija de Abraham, que Satanás había atado dieciocho años, ¿no se le debía desatar de esta ligadura en el día de reposo?"
Lucas 13:15-16

El sistema del Reposo en movimiento, tiene que ver con gobierno y soberanía, con recibir la herencia del Padre, con disfrutar un legado, con el posicionamiento de lo heredado.

Jesucristo está molesto con los fariseos a quienes llama hipócritas, ellos creen que el reposo solo implicaba no hacer nada y velar o vigilar porque nadie hiciera alguna obra, pero Cristo les está demostrando sanando a esta mujer, que el reposo consiste en tomar las obras hechas y vivir en ellas, no es un estado de letargo, sino que es el participar de la herencia de Dios y disfrutar su legado.

La tierra del reposo para Israel fue Canaán, salir de Egipto implicaba la liberación de la esclavitud y el camino hacia el la tierra donde fluía leche y miel, una tierra prometida, el beneficio de un legado.

La generación que entró con Josué, comprendía que el reposo estaba en recibir las obras hechas, la herencia inmerecida de la tierra de Abraham, no podían tomarla por su fuerza si Dios no se las hubiera entregado de antemano, aun así, esta tierra de reposo sería en sí misma un lugar que debía ser labrado y guardado, como Adán en el huerto, para ser copartícipes de lo recibido.

"1. Aconteció en un día de reposo, que pasando Jesús por los sembrados, sus discípulos arrancaban espigas y comían, restregándolas con las manos.
2. Y algunos de los fariseos les dijeron: ¿Por qué hacéis lo que no es lícito hacer en los días de reposo?
3. Respondiendo Jesús, les dijo: ¿Ni aun esto habéis leído, lo que hizo David cuando tuvo hambre él, y los que con él estaban; 4. cómo entró en la casa de Dios, y tomó los panes de la proposición, de los cuales no es lícito comer sino sólo a los sacerdotes, y comió, y dio también a los que estaban con él? 5. Y les decía: El Hijo del Hombre es Señor aun del día de reposo."
Lucas 6:1-5

Jesucristo acostumbraba a sanar y ministrar en el día de reposo, aun su resurrección fue durante el Sabbath de reposo, por esa razón nadie puede ir a la tumba el tercer día, sino que las mujeres llegaron a la madrugada del Domingo, que en el calendario judío sería el primer día, cuando Jesús ya había resucitado.

Aquí vemos que los fariseos, que creían ser los guardianes del entendimiento de Dios, están molestos porque los discípulos de Cristo recogen espigas en el Sabbath para comer, el Señor entonces les trae a la memoria el episodio donde David come de los panes sacerdotales que por ley él no podía comer.

¿Por qué comió entonces?, para Dios las leyes dadas a Moisés son para cuidar al hombre y no para que este muera por causa de ellas, pero los fariseos estaban ciegos en su legalismo, no comprendían como opera el sistema del reposo en movimiento y que éste, lejos de ser una orden de no accionar, sería más bien una orden de andar en las obras acabadas de Dios.

"3. Pero los que hemos creído entramos en el reposo, de la manera que dijo:Por tanto, juré en mi ira, No entrarán en mi reposo; aunque las obras suyas estaban acabadas desde la fundación del mundo. 4. Porque en cierto lugar dijo así del séptimo día: Y reposó Dios de todas sus obras en el séptimo día. 5. Y otra vez aquí: No entrarán en mi reposo. 6. Por lo tanto, puesto que falta que algunos entren en él, y aquellos a quienes primero se les anunció la buena nueva no entraron por causa de desobediencia, 7. otra vez determina un día: Hoy, diciendo después de tanto tiempo, por medio de David, como se dijo: Si oyereis hoy su voz, No endurezcáis vuestros corazones. 8. Porque si Josué les hubiera dado el reposo, no hablaría después de otro día.

9. Por tanto, queda un reposo para el pueblo de Dios.
10. Porque el que ha entrado en su reposo, también ha reposado de sus obras, como Dios de las suyas."
Hebreos 4:3-10

El sistema del reposo en movimiento, es la dimensión de Cristo, el Hijo que habita en las obras completas del Padre, a la que solo se puede acceder por medio de la fe.

Esta fe genuina que nace del Cristo, nos separa del sistema del mundo caído, para habitar en este reposo en movimiento, que son las obras terminadas, las que están todas contenidas en Dios.

Estas obras son la herencia del hombre, acceder a esas obras acabadas, no solo es poseer el propósito y el destino de la humanidad, es también acceder a cada uno de los sistemas que describimos anteriormente, el séptimo día es el macro sistema que encierra el resto de los días de la creación.

Cristo como el perfecto Hijo del hombre, imagen, semejanza y sustancia misma de Dios, contiene dentro de sí mismo las obras acabadas e incorruptibles del Padre, los seis días anteriores y sus sistemas, la luz que define, la expansión que separa, el conjunto que reúne, la voluntad del viviente, la conciencia eterna, la imagen y la semejanza, todo está en este reposo en movimiento que habita en Él, todo está encerrado en la semilla y el fruto del árbol de la vida.

Adán salió de esas obras cuando salió del huerto, perdió el séptimo día, nunca más pudo vivir en aquel reposo en movimiento, ya no podía reconciliar ambas dimensiones, su reposo sería fruto del cansancio y del sudor con el que estaba condenado a subsistir, su movimiento se traducía siempre en ansiedad por el mañana, esta ansiedad originó sistemas caídos que llenaron el mundo.

El sistema del reposo en movimiento es fundamental para la iglesia, no se puede acceder a éste si no es por medio de la fe de Cristo, esta misma fe genera una acción y a la vez un descanso, son las obras de Dios manifestadas en su gracia.

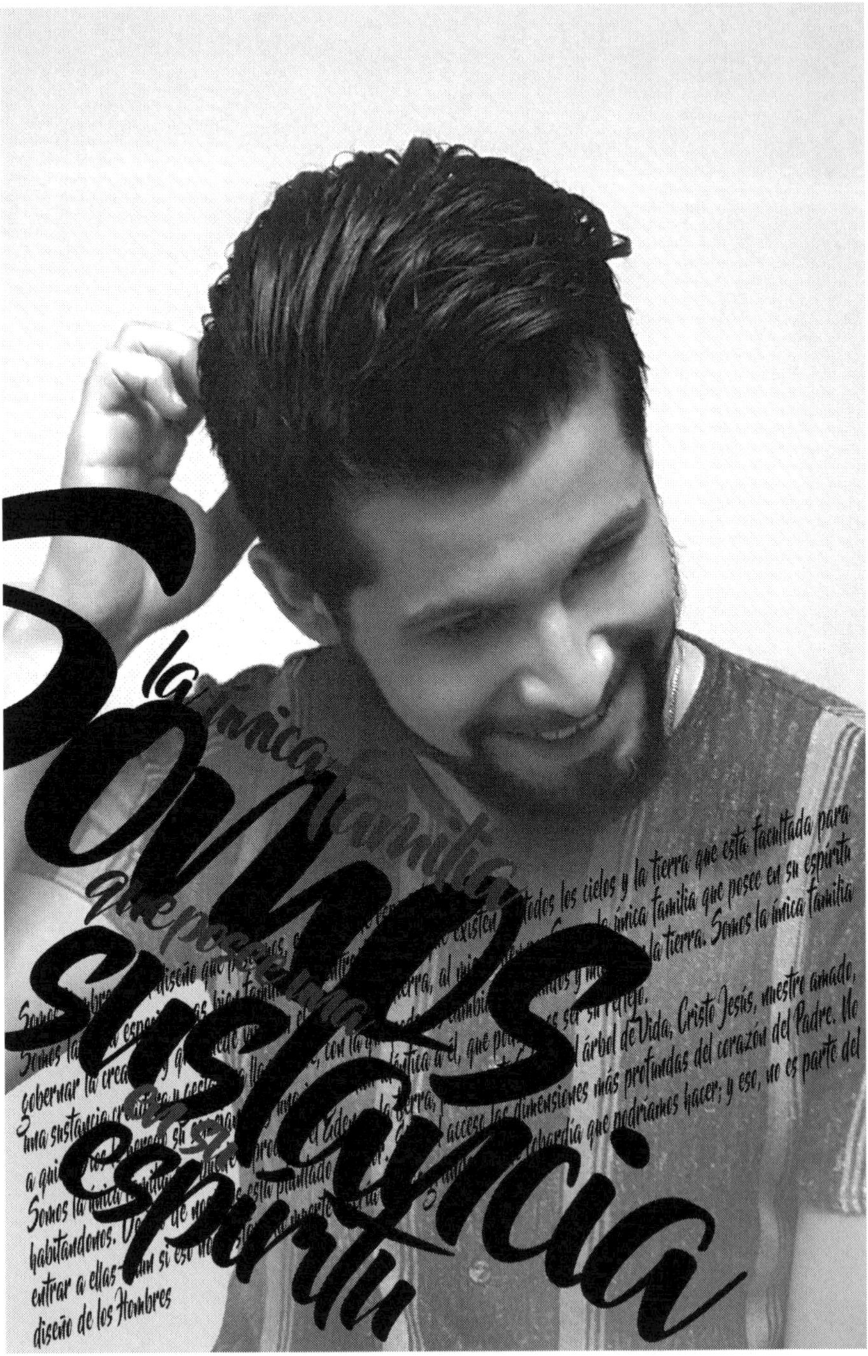

4° DIMENSION

LOS ÁRBOLES

Hemos comprendido por las escrituras la diferencia entre la tierra y el mundo, revisamos también los diferentes cielos que fueron formados, pero además hemos profundizado en vislumbrar los sistemas de Dios y como éstos se manifestaron en los días de la creación.

Necesitábamos que viera primero cómo es el mundo caído, para que luego pudiésemos contrastarlo con la realidad gloriosa que el Padre manifestó en la creación, solo así sabríamos, que lo que Cristo trajo para nosotros fue más que la salvación de un infierno o castigo eterno, su obra redentora vino a libertarnos de toda esclavitud, pero no solo a nosotros, sino también a las naciones de la tierra que esperan comer del árbol de la vida, donde habitan los sistemas de Dios.

Ahora que esto está más esclarecido, revisaremos como la legalidad y la estructura de este mundo caído, están basadas en la corrupción del diseño original de la humanidad.

EL DISEÑO ADÁN, HOMBRE Y MUJER

"1. Este es el libro de las generaciones de Adán. El día en que creó Dios al hombre, a semejanza de Dios lo hizo. 2. Varón y hembra los creó; y los bendijo, y llamó el nombre de ellos Adán, el día en que fueron creados."
Génesis 5:1-2

Tal como vimos, en el sexto día Dios creo el sistema de la imagen y la semejanza, este sistema está siendo demostrado por el diseño "Adán", que no es otra cosa que la humanidad.

Comúnmente nos confundimos al creer que "Adán" es el nombre del varón y "Eva" es el de la mujer, pero cuando leemos detenidamente los capítulos del Génesis, notamos que "Adán" es en verdad el nombre para "humano", que implica al hombre y su mujer.

Estos versículos del capítulo cinco son claros en establecer esa diferencia, tanto hombre como mujer fueron hechos en el sexto día en lo eterno, en igual condición y relevancia delante del corazón del Padre, y fueron trasladados en el séptimo día para ser puestos en el huerto en Edén.

Para Dios establecer su imagen y semejanza, que es Elohim (un Dios plural), necesita formar dos seres vivientes en un solo diseño, ese diseño es Adán, la humanidad. Este diseño fue soplado una sola vez sobre el cuerpo de barro del varón, en ese soplo fue soltada la mujer también, ella fue depositada junto al corazón del varón a la espera de ser manifestada junto a él.

Dios tomó de sí mismo dos de sus características y las repartió en el hombre y en su mujer, al varón le dio la capacidad de ser semilla y a la mujer la capacidad de ser vientre, ambas funciones están contenidas en Dios, pero Él las puso en ambos, de tal manera que solo estando juntos puedan producir vida.

Dios creador es vientre y semilla a la vez, pero estas condiciones no las puso en un solo humano, sino que las repartió en el hombre y la mujer.

"2. Y la tierra estaba desordenada y vacía, y las tinieblas estaban sobre la faz del abismo, y el Espíritu de Dios se movía sobre la faz de las aguas. 3. Y dijo Dios: Sea la luz; y fue la luz."
Génesis 1:2-3

Esa facultad de Dios de hablar sobre sus aguas y afectarlas para que comiencen a desarrollar toda la vida, es la que fue puesta sobre la humanidad, el vientre y la semilla, que es lo mismo que decir "las aguas y la voz".

Cuando el Padre formó a la humanidad, el diseño Adán, en el sexto día, les dio órdenes de multiplicarse y fructificar, en esas palabras fue soltado el vientre y la semilla sobre ellos, como características complementarias que los unieran y los hicieran vivir en una interdependencia.

El varón y su mujer fueron creados para caminar juntos, gobernar juntos y vivir unidos en la expansión del gobierno de Dios, el diseño de la humanidad para ser la imagen y semejanza de Dios es imposible de concretar a menos que ambos, hombre y mujer, estén unidos completamente.

La unión del cielo y la tierra es imposible estando ellos separados, porque no le fue dado al hombre la condición divina de gestar vida en su vientre, no se le dieron las aguas, ni le fue entregado a la mujer el poder eterno de trasmitir una semilla, la voz que permanece.

Y sin estas dos condiciones que son propias de Dios, no puede la humanidad entonces ser imagen y semejanza de Él, por esto es que todo ataque a la estructura divina dada al matrimonio, es un ataque directo contra la imagen de Dios.

"27. a fin de presentársela a sí mismo, una iglesia gloriosa, que no tuviese mancha ni arruga ni cosa semejante, sino que fuese santa y sin mancha. 28. Así también los maridos deben amar a sus mujeres como a sus mismos cuerpos. El que ama a su mujer, a sí mismo se ama. 29. Porque nadie aborreció jamás a su propia carne, sino que la sustenta y la cuida, como también Cristo a la iglesia, 30. porque somos miembros de su cuerpo, de su carne y de sus huesos. 31. Por esto dejará el hombre a su padre y a su madre, y se unirá a su mujer, y los dos serán una sola carne. 32. Grande es este misterio; mas yo digo esto respecto de Cristo y de la iglesia."
Efesios 5:27-32

"24. Lo cual es una alegoría, pues estas mujeres son los dos pactos; el uno proviene del monte Sinaí, el cual da hijos para esclavitud; éste es Agar. 25. Porque Agar es el monte Sinaí en Arabia, y corresponde a la Jerusalén actual, pues ésta, junto con sus hijos, está en esclavitud. 26. Mas la Jerusalén de arriba, la cual es madre de todos nosotros, es libre."
Gálatas 4:25-26

Cristo mismo preparó a la iglesia para presentársela a sí mismo, uniéndose a ella en su carne y en su sangre, esta unión es el sistema de gobierno instaurado desde el Génesis, donde las aguas de la iglesia son purificadas para ser un vientre celestial, la Jerusalén celestial que es madre de todos y recibir la semilla de luz, la voz de poder del Verbo, y gestar la imagen y semejanza perfecta de Dios nuevamente.

Fructificar y multiplicarse sería la condición para así sojuzgar la tierra y gobernarla, Cristo mantuvo intacta esa orden, de esta manera quedó explícito que la función espiritual de la semilla y el vientre serían los elementos vitales del gobierno.

El huerto con sus árboles frutales llenos de semillas en el fruto y los ríos con el vapor regando la tierra, manifestaban de continuo la orden de gobierno conjunto que la humanidad recibió del Padre, fructificar y multiplicarse para gobernar por medio de la semilla y el vientre.

El árbol de la vida poseía entonces un fruto, pero como sabemos, todo fruto porta también una semilla, así mismo el árbol de la ciencia del bien y del mal, portaba en su fruto una semilla, ambas semillas necesitaban un vientre espiritual donde ser sembrados, aguas espirituales del alma de la humanidad para producir gobierno.

El Árbol De La Vida

Cada uno de los sistemas descritos en la creación, fueron reunidos en el macro sistema del séptimo día, y fueron representados en el árbol de la vida.

Ese árbol vivo, tenía la sustancia de los sistemas de Dios, la sabiduría y el poder de las obras acabadas de Dios estaban en su fruto, el reposo se volvía movimiento para el que comía, permitiéndole vivir para siempre.

Estas verdades, aunque están presentes claramente en las escrituras, muchas de ellas pasan inadvertidas ante los ojos, porque necesitan ser reveladas por el Espíritu Santo, por esta causa pedimos al Señor sean abiertas al corazón mientras revisamos cada uno de estos versículos.

> *"22. Y dijo Jehová Dios: He aquí el hombre es como uno de nosotros, sabiendo el bien y el mal; ahora, pues, que no alargue su mano, y tome también del árbol de la vida, y coma, y viva para siempre. 23. Y lo sacó Jehová del huerto del Edén, para que labrase la tierra de que fue tomado. 24. Echó, pues, fuera al hombre, y puso al oriente del huerto de Edén querubines, y una espada encendida que se revolvía por todos lados, para guardar el camino del árbol de la vida."*
> **Génesis 3:22-24**

Podemos inferir que el árbol portaba la vida eterna y una sabiduría única basada en los sistemas santos de Dios, por las palabras del Padre, entendemos que el poder del árbol podía haber mantenido a Adán físicamente vivo para siempre, aún después de corromperse su espíritu, de alguna manera el árbol contenía la resurrección, porque era el árbol del séptimo día, de los sistemas vivos y las obras completas de Dios, esa vida eterna, el destino y el propósito, estaba en sus hojas y en su fruto.

Sin embargo, Dios impide que toque al árbol, Adán no podía simplemente comer del árbol vivo nuevamente para evitar morir, no tenía fe para acceder a este poder, sin esa fe la justicia en su sangre para permanecer frente a Dios, se había perdido. Estaba desconectado de Su voz y había corrompido su espíritu, aunque su cuerpo fuera revitalizado por el árbol, necesitaba algo en que creer y ser justificado para poder volver al Padre justo y resucitar su espíritu humano.

Dios promete enviar una simiente santa que venza a la serpiente, esta promesa le dio al hombre algo en que sostener su fe, hasta el día de su redención.

El árbol de la vida fue retirado de la tierra, este árbol sería después representado en el tabernáculo y posteriormente volvería de manera literal a rebrotar en Cristo.

"31. Harás además un candelero de oro puro; labrado a martillo se hará el candelero; su pie, su caña, sus copas, sus manzanas y sus flores, serán de lo mismo. 32. Y saldrán seis brazos de sus lados; tres brazos del candelero a un lado, y tres brazos al otro lado. 33. Tres copas en forma de flor de almendro en un brazo, una manzana y una flor; y tres copas en forma de flor de almendro en otro brazo, una manzana y una flor; así en los seis brazos que salen del candelero; 34. y en la caña central del candelero cuatro copas en forma de flor de almendro, sus manzanas y sus flores. 35. Habrá una manzana debajo de dos brazos del mismo, otra manzana debajo de otros dos brazos del mismo, y otra manzana debajo de los otros dos brazos del mismo, así para los seis brazos que salen del candelero. 36. Sus manzanas y sus brazos serán de una pieza, todo ello una pieza labrada a martillo, de oro puro. 37. Y le harás siete lamparillas, las cuales encenderás para que alumbren hacia adelante. 38 También sus despabiladeras y sus platillos, de oro puro. 39. De un talento de oro fino

lo harás, con todos estos utensilios. 40. Mira y hazlos conforme al modelo que te ha sido mostrado en el monte."
Éxodo 25.31-40

Por mucho tiempo hemos observado la lámpara de la Menorah en los gráficos sobre el tabernáculo, y ha sido de mucho aprendizaje comprender que sus siete fuegos son los espíritus de Dios que se pasean alrededor de la tierra. Pero lo que aún pocos han comprendido, es que esta lámpara que se le fue mostrada a Moisés, es la representación del árbol de la vida y sus siete ramas son los sistemas santos de Dios donde operan los siete espíritus.

Al leer las instrucciones sobre cómo debía ser la lámpara, vemos que ella tendría seis brazos, tres de cada lado, que estaban unidos en el eje por una pieza central, cada uno de estos brazos tenía que llevar esculturas de frutos en forma de manzanas y formas de flores, es decir que debía llevar molduras de elementos propios del reino vegetal, porque representaba al árbol de la vida.

Los seis brazos, unidos entre sí, correspondían a los seis días de la creación, el eje central pertenecía al séptimo día, donde todos los sistemas se unían entre sí.

Todos sus brazos al ser encendidos iluminaban la habitación, la luz que irradiaba la Menorah implicaba el entendimiento de los siete espíritus moviéndose sobre el alma, pero también el entendimiento que fue soltado en cada uno de los días de la creación, implicaba la manifestación de los sistemas vivos de Dios.

"1. Saldrá una vara del tronco de Isaí, y un vástago retoñará de sus raíces. 2. Y reposará sobre él

*el Espíritu de Jehová; espíritu de sabiduría y
de inteligencia, espíritu de consejo y de poder,
espíritu de conocimiento y de temor de Jehová."*
Isaías 11:1-2

Estos versículos de Isaías es el único registro en que se nombran los siete espíritus de Dios, el eje central es el Espíritu de Jehová, luego son nombrados en par, el espíritu de sabiduría junto al espíritu de inteligencia y así sucesivamente el resto de ellos, unidos e interactuando como sistemas.

Tal como vemos en la Menorah, los fuegos se conectan entre sí de dos en dos, de la misma manera los seis brazos van uniéndose en el brazo central del candelabro, que vendría a ser el tronco del árbol.

Aun entendiendo esto, no debemos perder de vista que el profeta Isaías comienza hablando de un árbol, que del tronco de Isaí, Padre de David, saldría un vástago, un brote que se transformaría en el árbol de la vida donde reposarían los siete espíritus de Dios nuevamente.

Este tronco de Isaí, se está refiriendo al Espíritu de Dios que venía moviéndose por toda la genealogía judía, desde Abraham, Isaac, Jacob, Judá, Fares, Booz hasta llegar a Isaí, este tronco es el Espíritu de Jehová, en la simiente santa, que comenzaría a dar una vez más el brote del árbol de la vida, saldrían sus siete ramas y daría como fruto la luz de los siete espíritus de Dios sobre la tierra.

Esa luz implicaba la comprensión de los sistemas de Dios, ya no desde un enfoque humano, sino desde una mirada celestial.

La Menorah fue una profecía continua en Israel, cada vez que los sacerdotes encendían la lámpara de oro en el Lugar Santo, estaban profetizando el brote del árbol de la vida nuevamente sobre la tierra, ese brote se manifestó y en él se reunían todos los sistemas del Dios vivo, ese brote creció y en la resurrección pudo por fin ser parte del hombre, en la resurrección el árbol se encendió completamente y soltó sus hojas para sanar las naciones de la tierra.

"1. Yo soy la vid verdadera, y mi Padre es el labrador. 2. Todo pámpano que en mí no lleva fruto, lo quitará; y todo aquel que lleva fruto, lo limpiará, para que lleve más fruto."
Juan 15:1-2

Cristo es la vid que fue sembrada, antes de manifestarse secó la higuera, que representaba todo el sacerdocio falso y la religiosidad del judaísmo, la humanidad en total necedad se cubrió de esas hojas, se cubrió de rituales y trató de ocultar su separación de la fuente eterna. Cristo juzgó ese sistema, primero en la higuera que solo tenía hojas mas no frutos, y posteriormente en el templo, en las mesas de los cambistas que transformaron el lugar de reunión, el templo donde se debía desarrollar el sistema de reunión del tercer día, en una cueva de ladrones.

Él es la vid verdadera, sus frutos están reunidos y viven por Él, llevan su semilla de vida y luz, el Padre manifiesta como labrador su naturaleza de gloria y justicia limpiándolos, esa naturaleza estaba reservada para la humanidad al ordenarles que labraran la tierra, ellos mostrarían aun en esto la semejanza con el Padre, produciendo buenos frutos, que reunidos gobiernen con la imagen del cielo.

"De cierto, de cierto os digo, que si el grano de trigo no cae en la tierra y muere, queda solo;

pero si muere, lleva mucho fruto."
Juan 12:24

Dijimos que en el tercer día se estableció el sistema de reunión, este sistema origina ecosistemas, huertos, plantíos, etc., para que una semilla brote y se multiplique, esa semilla debe ser afectada por el agua, morir y abrirse para soltar toda la información que existe en ella.

Cristo descendió a las aguas para ser bautizado, la razón es que Cristo como semilla debía abrirse en las aguas de justicia, solo así podría en su ministerio público mostrar toda su genética espiritual de Hijo, como semilla y dar frutos.

Las semillas pertenecen al sistema de reunión del tercer día, muchas de ellas se forman inicialmente reunidas dentro del fruto, así se gestan y tienen de esta manera mayor probabilidades de perpetuarse en el tiempo, pero una vez sacadas del fruto, deben ser intervenidas con el agua para producir nuevos brotes, esa intervención implica una muerte en la semilla.

LAS TINIEBLAS BUSCAN CONTAMINAR EL VIENTRE

Una vez que hemos comprendido el papel fundamental de estos dos diseños, la semilla y el vientre, que es la voz y las aguas, entonces podremos comprender con mayor profundidad que fue lo que aconteció en el huerto de Edén, estos diseños estaban en ellos no solo físicamente, sino que representaban la semilla y el vientre de toda la humanidad.

A diferencia del árbol de la vida, que reunía los sistemas eternos de Dios, el árbol del bien y del mal tenía el potencial de apagar la fe del espíritu y producir creencias del alma, estas creencias sin la fuente eterna del Padre, generarían un sistema dualista de pensamiento, del que se alimenta la religión en todos los rincones de la tierra, porque ven el mal no como la ausencia de la luz, sino como un poder extremo al que se le debe temer, dando al mal características que no posee.

> *"17. mas del árbol de la ciencia del bien y del mal no comerás; porque el día que de él comieres, ciertamente morirás. 18. Y dijo Jehová Dios: No es bueno que el hombre esté solo; le haré ayuda idónea para él."*
> **Génesis 2:17-18**

No deja de ser importante que Dios antes de decidir manifestar a la mujer, de formarla del costado del varón, le da la orden a Adán de no comer del árbol de la ciencia del bien y del mal, acto seguido le trae a los animales vivientes para que los vea venir de par en par y les dé un nombre.

A pesar de que el hombre estaba viendo en la naturaleza como todos los animales se presentaban como machos y hembras, el dualismo no se forma en él, porque la fuente eterna en su espíritu lo mantenía por sobre esos pensamientos que nacieron posteriormente del alma caída, el hombre veía complementos vivos y no carencias en cada uno de ellos.

El hombre ve que la semilla y el vientre, la voz de la genética y las aguas, se repiten como modelo de multiplicación y por lo tanto de gobierno, esta es la razón de que Dios plantó este huerto, y no puso al hombre en un desierto, un campo de hielo o una isla. El huerto le recordaba que había un diseño de gobierno en la semilla y el vientre.

El varón siente la necesidad de ser un par, logra ver que entre los animales no había nadie que pudiera ser su complemento humano, por lo que Dios hace caer un sueño profundo en él, del que forma a la mujer que ya existía como diseño espiritual desde el sexto día.

Prueba de esta existencia, es que el varón al ser formado del polvo fue soplado, mas no así la mujer al ser formada, ya que en el primer soplo ya estaba el espíritu de ella que fue escondido en el costado del varón. Este hecho nos responde también el misterio de la iglesia, ¿dónde estuvo escondido el diseño de la iglesia durante todo el antiguo pacto?, en el costado de Cristo, que luego de ser abierto en la cruz, derramó aguas para que esta fuese formada como vientre espiritual.

El retraso de Dios en crear a la mujer, no se debe a que el primero fuera más importante, sino a que el diablo estaba acechando a la espera, porque necesitaba contaminar el vientre de la humanidad, que estaba representado en la mujer y poner en ella la semilla del árbol de la ciencia del bien y del mal.

Después de que la serpiente fuera nombrada como "astuta", que es el significado de su nombre, fue utilizada por el diablo para hechizar, manipular y corromper así el vientre y las aguas de la humanidad en la mujer.

El hecho de que el varón no fuera tentado se debía a que, en primera instancia el varón sabía que gobernaba sobre las bestias ya que él les dio nombre, las definió, difícilmente creería el consejo de la serpiente, pero también obedece a que el diablo no buscaba la semilla, sino el vientre espiritual de la humanidad.

"37. Y si cayere algo de los cadáveres sobre alguna semilla que se haya de sembrar, será limpia. 38. Mas si se hubiere puesto agua en la semilla, y cayere algo de los cadáveres sobre ella, la tendréis por inmunda."
Levíticos 11:37-38

La semilla no puede ser infectada sin contaminar primero el agua, solo el agua contaminada penetra la semilla y corrompe su voz o código genético.

Así que si el varón no podía ser enviciado por la voz de muerte de la serpiente, solo por medio de las aguas de su mujer él podría ser afectado, para esto debían primero esas aguas ser contaminadas.

"Y vio la mujer que el árbol era bueno para comer, y que era agradable a los ojos, y árbol codiciable para alcanzar la sabiduría; y tomó de su fruto, y comió; y dio también a su marido, el cual comió así como ella."
Génesis 3:6

La mujer no solo estaba comiendo del árbol, ella estaba buscando comer una sabiduría que sabía no poseía aún, ella sabía que había un potencial que aún no había alcanzado y pensó que lo encontraría en el árbol de la ciencia del bien y del mal.

Al comer buscando mayor sabiduría, lo único que encontró, fue la contaminación del vientre espiritual de la humanidad.

Cuando el Padre hablo a la humanidad y les bendijo en el sexto día, les ordenó multiplicarse y sojuzgar así la tierra, pero ¿cuántos hijos alcanzaron a tener ellos antes de la caída?, ninguno, sus hijos nacieron fuera del Edén, por lo tanto el potencial de gobierno de la humanidad en el huerto nunca llegó a su máximo potencial, porque ellos necesitaban dar a luz hijos para así entrar en la dimensión del Padre, en donde ya no vives solo para ti, sino que deseas vivir por otros.

Hasta ese momento la mujer sabía que ella aún no alcanzaba todo el potencial de gobierno, había una sabiduría a la que aún no podía acceder, su vientre aún no había gestado ni dado a luz nada, solo eran hijos de Dios que caminaban sobre la tierra como almas vivientes, en el sistema de los vivientes creados en el quinto día, mas nunca llegaron a ser espíritus vivificantes.

"45. Así también está escrito:
Fue hecho el primer hombre Adán alma viviente;
el postrer Adán, espíritu vivificante.
46. Mas lo espiritual no es primero,
sino lo animal; luego lo espiritual."
1 Corintios 15:45-46

Para ser espíritus vivificantes ellos debieron haber tenido hijos en el huerto de Edén, sin embargo la caída bloqueó el potencial de gobierno que Dios puso en ellos al decirles "fructifiquen, multiplíquense y sojuzguen la tierra".

Cristo el postrer Adán, no solo trajo a la iglesia espiritual como vientre puro, sino que además el mismo dio a luz en Pentecostés una primera cosecha de su sacrificio, una cosecha que aún no se detiene, por esto escribe el apóstol en Hebreos:

"Y otra vez: Yo confiaré en él. Y de nuevo:
He aquí, yo y los hijos que Dios me dio."
Hebreos 2:13

El Vientre Es Contaminado

Cuando el vientre fue contaminado, inmediatamente fue contaminado también la semilla en la humanidad, por esta razón hoy en día necesitamos nacer de nuevo del agua pura y del Espíritu Santo, para poder ser engendrados como hijos de Dios.

Esta contaminación del vientre implicaba además el control de las semillas y la plantación de nuevos sistemas, ya no los siete sistemas del árbol de la vida, los que fueron trasladados en los días de la creación, sino los sistemas del mundo caído, fundados por Caín a la muerte de Abel, la semilla del árbol de la ciencia del bien y del mal fue regada con la sangre del primer profeta.

Esta contaminación del vientre humano llegó a su extremo cuando los espíritus caídos bajaron e intimaron con las hijas de los hombres, dando a luz seres híbridos, gigantes cuya genética estaba corrompida, por primera vez los seres vivientes se mezclaban formando monstruos derramadores de sangre, esto significó que aún las bestias y los animales se corrompieran en su conciencia.

El juicio al vientre espiritual corrupto de la humanidad tenía que ser por agua, las aguas de arriba y las fuentes de abajo se soltaron, para someter también todo lo seco que había sido infectado, Dios guardó las semillas de los seres vivientes en un arca, junto a una familia que representara lo que quedaba de aquel huerto de Edén, por esta razón el nombre de Noah significaba reposo, ya que él representaba y custodiaba en su espíritu la voz que venía de los sistemas de Dios que existieron en el huerto y en el séptimo día, Noah representaba el reposo en movimiento, por ser justo y perfecto en sus generaciones.

Posteriormente al diluvio, los hombres ya contaminados, comenzaron a adorar el vientre y todo lo que pudiera representarlo de alguna forma, esta dinámica entre vientre y semilla sería aquello que los movería, generando rituales, religiones y dioses que fuesen adorados y representaran este sistema.

sobreMg

Hemos sido creados para gobernar y sojuzgar todo lo que hay en la tierra, y dentro de las posibilidades maravillosas que tienen la administración y la mayordomía a las naciones, nos encontramos con herramientas poderosas que la EKKLESIA debe atreverse a incurrir, como por ejemplo son los sistemas políticos. Estos en su deformación han aterrorizado a los cristianos que aún no caen a cuentas que exista una política pura que no busca lo suyo y es del corazón, con pensamientos rectos, que no busca de alianzas para posicionarse y perpetuarse en sí poder, que no se pone bajo los mantos de corrupción, ni hace contrataciones para beneficiarse a sí misma o al partido que responde. La Política que es del Cielo por así decir, no pretende únicamente un resultado eleccionario, sino que constantemente está en la práctica sublime de amar al prójimo y al territorio que Dios le asignó, esto hará que la autoridad y el gobierno que hay en nosotros se extienda sin límites más allá de los paradigmas de este mundo. Perfeccionando esto caerán los gobiernos más viles y corrompidos, que someten a las naciones, ya que la pura inocencia de los justos hará que todo lo creado le responda. Una nación puede ser liberada a causa de creer que fuimos formados para gobernar, para vivir y morir en lo que se gesto del diseño original de nuestro Padre

5º DIMENSION

IZEBEL Y EL VIENTRE DE LA HECHICERÍA

"Me dijo Jehová en días del rey Josías: ¿Has visto lo que ha hecho la rebelde Israel? Ella se va sobre todo monte alto y debajo de todo árbol frondoso, y allí fornica."
Jeremías 3:6

Vemos de continuo, que los profetas juzgaban el sistema de adoración a dioses de la fertilidad[1], estos espíritus representaban el sistema de este mundo, sembrado con la semilla del árbol de la ciencia del bien y del mal.

Eran adorados como mujeres árboles, es decir como la mujer caída del huerto, estas mujeres árboles retenían para si las semillas y buscaban controlarlas, oponiéndose al diseño de unión varón y hembra, estos rituales incluían actos de inmoralidad sexual aberrantes que buscaban una vez más contaminar el vientre u ofrecer la simiente humana como ofrenda.

---
[1] Culto a la identidad femenina http://www.historia-religiones.com.ar/el-culto-a-la-mujer-en-la-prehistoria-6

También fueron adorados con toros y bueyes que eran usados para las siembras y los trabajos de agricultura, representaban fertilidad, muchos eran castrados en dichos rituales[1], para sacrificar aquello que representara su semilla.

Todos los ritos que atacan al vientre y la semilla, que las sacrifican o contaminan, son usados para perpetuar el sistema de este mundo, el árbol de la ciencia del bien y del mal.

Cada vez que hablamos de la reina de cielo y sus distintas manifestaciones, tanto marianas en el catolicismo, como en la idolatría egipcia, africana, persa, o de Europa, estamos frente a manifestaciones de este sistema del controlar las semillas, que son finalmente las generaciones de la tierra y de contaminar el vientre de la humanidad, solo así se mantiene y perpetúa el sistema de este mundo a pesar de ser desautorizado completamente por Cristo.

Las reinas marianas del catolicismo responden en su manera de operar a este diseño del infierno que se generó desde la caída del hombre, la semilla es controlada por una entidad femenina, la virgen sujetando al niño en cada figura, generaciones castradas o contaminadas en orfandad, los distintos próceres de la patria que se juramentaron a ella, siempre por causa de la viudez o de la orfandad en sus vidas.

El vientre y la semilla separados o contaminados, la voz entonces es sujeta por una entidad femenina, esta entidad se manifiesta como árbol muchas veces o como vientre de aguas.

El sistema de la reina del cielo, no es distinto al sistema de Izebel, cuando hablamos de una, estamos inmediatamente hablando de la otra, son sistemas similares expresados en formas distintas, que se mueven en esta dinámica de semilla y vientre.

1Culto a la identidad femenina   http://contenidos.educarex.es/mci/2002/25/secc24/s24p7.htm

MANIPULAR LAS AGUAS

Fue la hechicería (manipulación) lo que la serpiente usó para engañar a la mujer, y contaminar las aguas de la humanidad, la hechicería por lo tanto es el fundamento de este sistema, que desvía la medida de fe del hombre para que éste crea en sus encantamientos e ilusiones y de esta manera vivir por la fe de aquellos que creen en este sistema.

Cuando el sistema de la reina Izebel atrapa el vientre de una nación, en esta agua crea su hechicería para contaminar las semillas, pone las ilusiones en esas aguas, para que ellas sean la que den forma a las semillas que vendrán y formen el árbol de la ciencia del bien y del mal que da como fruto el mundo caído. La gente al creer esa hechicería, le da vida y perpetúa la corrupción.

La serpiente puso su hechizo en las aguas espirituales de la mujer, engañándola, para que esas aguas contaminadas infecten las semillas y las intoxiquen.

La serpiente no habló al varón para convencerlo de comer después que su mujer había comido, la hechicería en sí misma no tiene poder directo sobre el varón, solo puede ser introducida en ellos por medio de una figura femenina que ya haya sido engañada anteriormente.

Una vez que el varón está contaminado, se perderá todo, ya que la semilla contaminada solo perpetuará una voz de mentiras, perversión y fraude, sobre cualquier otro vientre espiritual, aunque éste posea pureza aún.

Los ojos de ellos no fueron abiertos sino hasta que el varón comió del fruto, solo después de comer éste, la humanidad perdió su genética y la voz de Dios en ellos.

1Culto a la identidad femenina   http://contenidos.educarex.es/mci/2002/25/secc24/cultos/tierraagua.htm

Manipular las aguas espirituales de la humanidad, implica sumergir primeramente a las mujeres en hechicerías y engaños, mentirles o aterrorizarlas, es impulsar en ellas la manipulación, mintiéndoles para que éstas den de beber a sus hijos y esposos, la hechicería que han creído.

> *"18. Mas desde que dejamos de ofrecer incienso a la reina del cielo y de derramarle libaciones, nos falta todo, y a espada y de hambre somos consumidos. 19. Y cuando ofrecimos incienso a la reina del cielo, y le derramamos libaciones, ¿acaso le hicimos nosotras tortas para tributarle culto, y le derramamos libaciones, sin consentimiento de nuestros maridos?"*
> **Jeremías 44:18-19**

En estos versículos de Jeremías, claramente vemos que el temor y la inseguridad de las aguas en caos, se manifestó en ellas, que preferían ir en contra del Señor y seguir ofreciendo culto al sistema de muerte de la Reina, mantenerse en aquella hechicería por temor.

Hemos visto que el temor y la incredulidad es la falsa fe, es la creencia en aquello que no es Dios, ni su propósito eterno. Aquí podemos ver como esa falsa fe, es una hechicería que se estableció en ellos y que se perpetúa por medio de las mujeres que van repitiendo y perpetuando el sistema por temor a padecer.

Un ejemplo que nos permitirá entender esta dinámica, es el sistema de esclavitud que perduro por tantos años en nuestro continente y que en algunos estados norteamericanos se volvió un sistema de hechicería de profunda maldad y sabiduría diabólica.

Lynch: El Hechicero De Esclavos

Tomar al esclavo africano más rebelde, desnudarlo para humillarlo delante de todos, echarles alquitrán y plumas para burlarse de él, prenderle fuego, mientras los caballos tiraban de sus extremidades hasta descuartizarlo, todo esto a vista del resto de los hombres, pero por sobre todo de las mujeres y niños esclavos (así se recomendó expresamente), luego castigar a estos espectadores con látigos, con el fin de destruir sus mentes..."toma su mente, pero déjales el cuerpo útil para seguir tus órdenes".

Estos fueron los consejos de Willie Lynch[1], la palabra "linchar" se deriva de su apellido, por los métodos de tortura pública que aplicó y enseñó, fue un exitoso esclavista que dio su discurso en Virginia en 1712, de cómo formar una generación de esclavos. En su metodología daba claro énfasis en matar la fuerza mental del hombre (como semilla) y aterrorizar a las mujeres (las aguas), para que de esta manera la esclavitud fuera una cultura que se traspasara de madre a hijos, y que fuese tolerada por los padres.

Luego de examinar los escritos de Lynch, podemos ver un claro ejemplo del sistema de hechicería, que da a luz mentes de huérfanos, semillas afectadas, y que se mantiene por esta dinámica de destrucción unido a la incredulidad, temor o falsa fe en dicho sistema como forma de sobrevivencia.

La doctrina esclavista de Lynch se podría resumir en los siguientes puntos:

Hacer que el esclavo desconfíe y compita con el resto de los esclavos, los separaban entre más oscuros y claros, o entre los nacidos fuera de la casa patronal o los nacidos dentro, la

---
[1] Sobre Willie Lynch   http://chiwulltun.blogspot.cl/2009/12/el-esclavismo-en-las-colonias.html

desconfianza y envidia entre ellos era el arma más eficaz de debilitamiento, por lo que se necesitaban crearla, impulsarla y mantenerla, esta desconfianza sería la falsa fe, la incredulidad en el otro permitía la hechicería constante del sistema.

Hacer de los hombres fuertes de cuerpo, pero de mentes débiles "como asnos" (en sus propias palabras), débiles de carácter, semillas sin voz, inútiles para ser padres, irresponsables con sus hijos, no aptos para ese tipo de responsabilidad, de esta manera quebraban la seguridad de su mujer y generaban fe en el sistema, en el patronazgo más que en su casa, perpetuando el sistema.

Mantener alejado al esclavo del lenguaje abstracto, de modo que no pueda hablar "cara a cara" (en los mismos términos) con su amo, quitarles la voz, esto para mantener la hechicería, la manipulación del sistema sobre ellos.

Traumar a las mujeres, destruir en ellas la imagen protectora del hombre de su raza, destruir el respeto a sus esposos, para esto golpeaban o avergonzaban en público a los hombres, que los vean débiles y amenazados, hasta que su percepción de protección se esfume y necesite depender de su amo, así trasladaban la fe o creencia de la mujer desde su vínculo familiar, al sistema de esclavitud.

El linchamiento[1] tenía como fin hacer de la mujer una reproductora del sistema esclavista, en su afán de proteger a los hombres, la obligaría y enseñaría a sus hijos a someterse al sistema, perpetuando la hechicería, lo que el niño se resistiera a creer de sus patrones, las aguas espirituales en su madre o esposa lo harían someterse al sistema nuevamente.

Al mismo tiempo el hombre, al ser traumado por el dolor, con el fin de buscar mantenerse fuerte o verse así, perdía toda

1 Sobre Willie Lynch   http://www.elespectador.com/opinion/el-trauma-posesclavista

capacidad emocional de conexión con el resto de su familia, generando mayor desconfianza de la mujer, Lynch enfatizó la necesidad de poner a las mujeres contra sus maridos, usando, creando e impulsando la falta de confianza y la envidia.

Lynch[2] expresa claramente en sus escritos, que mediante estos principios dirigidos a la mentalidad, podría mantener y prolongar el sistema de esclavitud durante 300 años o más, a menos (en sus propias palabras) "que un milagro de Jehová lo impida".

LA HECHICERÍA IZEBEL DEL MUNDO CAÍDO

El mundo caído se mantiene operando por medio de la incredulidad o falsa fe que depositamos en él, el temor a la muerte, el temor a perderlo todo va perpetuándolo con el tiempo, esto es la semilla del árbol de la ciencia del bien y del mal que contaminó al hombre, pero que por medio de Cristo, el árbol de la vida, podemos extirpar de nuestra mente y corazón.

Para dar a luz una nueva nación, necesitamos sacar nuestra fe de las tinieblas y de la hechicería, si nuestra fe deja de alimentar el sistema del árbol de perversión, entonces podremos recuperar el vientre de una nación y dar a luz por medio de la fe una nación distinta.

"¿Quién oyó cosa semejante?
¿quién vio tal cosa? ¿Concebirá la tierra en un día?
¿Nacerá una nación de una vez?
Pues en cuanto Sion estuvo de parto, dio a luz sus hijos."
Isaías 66:8

---

2 Sobre Willie Lynch   http://elretroceso.eu/carta-del-esclavista-willie-lynch

"Jesús le dijo: Si puedes creer, al que cree todo le es posible."
Marcos 9:23

Es la incredulidad la que mantiene el mundo caído gobernando, Cristo ya lo venció sobre todos los cielos, ascendió en resurrección y poder para sujetar bajo sus pies todas las cosas, ahora nos toca a nosotros creerle, porque lo que mantiene la corrupción, la miseria y la muerte empoderada en nuestras ciudades, no es el diablo, sino nuestra incredulidad como iglesia.

"Por la fe Noé, cuando fue advertido por Dios acerca de cosas que aún no se veían, con temor preparó el arca en que su casa se salvase; y por esa fe condenó al mundo, y fue hecho heredero de la justicia que viene por la fe."
Hebreos 11:7

La hechicería se rompe y es condenada cuando alguien se levanta en verdadera fe, el ejemplo de Noah es poderoso, pero como describe Hebreos en el capítulo once completo, cada vez que alguien depositaba toda su medida de fe en las palabras de Cristo, este juzgaba el sistema del mundo caído que gobernaba sobre ellos.

"Porque todo lo que es nacido de Dios vence al mundo; y esta es la victoria que ha vencido al mundo, nuestra fe."
1 Juan 5:4

Las semillas de Dios, nacen sin hechicería en ellas, éstas producen una fe puesta en la voz de Dios, no en el temor a la muerte o en el deseo de sobrevivir que el mundo caído estableció para todos sus sistemas. Es la fe genuina la única que puede romper la hechicería y la mentalidad colectiva que se genera por un sistema de reunión caído, solo la fe abre una brecha en el ecosistema perverso que forman los pensamientos del hombre en el segundo cielo, la fe de Cristo destruye esa cúpula en las regiones celestes.

Sin esa fe de Cristo lo que va quedando es el sometimiento a la manipulación, esta última se puede visualizar en muchos hombres perversos de las escrituras, como Caín, Lamec, Balaán, Naamán, Atalía, Dalila, etc. Pero de todos ellos, con mayor precisión es visible en las acciones de Izebel, más conocida como Jezabel.

Izebel es casi un sinónimo de hechicería y manipulación, ella personifica de muchas maneras este sistema del árbol del mal, del control de la semilla, que es la estructura del sistema del mundo caído. Ya que se rodeaba de eunucos que le servían, estos tenían que sacrificar su capacidad de fructificar y multiplicarse para estar al servicio de dicha reina hechicera.

Izabel representa la estructura del sistema del mundo caído, que vive por medio de la idolatría del culto falso, en aquel tiempo sería Baal y Astoret, pero en estos días la idolatría se genera a otros dioses, como la masonería, las reinas marianas, el dinero, el sistema económico perverso, el comercio injusto, etc., esta idolatría responde a la misma estructura desde la caída, contaminar las aguas del vientre y controlar o matar las semillas.

"Pero tengo unas pocas cosas contra ti: que toleras que esa mujer Jezabel, que se dice profetisa, enseñe y seduzca a mis siervos a fornicar y a comer cosas sacrificadas a los ídolos."
Apocalipsis 2:20

Izebel es la personificación de dicho sistema caído, tanto en el antiguo pacto como en las cartas a las iglesias en Apocalipsis, se le menciona pervirtiendo las cosas santas, contaminando las semillas, con adulterios y fornicaciones dentro de la reunión de los santos.

Ella es como un vientre de hechicerías, que impulsa falsos sacerdocios, este vientre de hechicerías da a luz hijos perversos, marcados por la orfandad o la viudez, los gesta en sus aguas de muerte y llena la tierra de esas corrientes espirituales, para despertar las semillas de rebelión en la humanidad.

Cuando este sistema no puede controlar una familia, pueblo o nación, no puedo tocar su vientre o semilla, Izebel le declara la guerra y batalla por atemorizarlo, para así ponerlo bajo su dominio, esa dinámica esta en las grandes negociaciones entre naciones, que compiten y se manipulan con presiones económicas o políticas, todo aquello es parte del sistema caído de Izebel.

Izebel Contra El Espíritu De La Profecía

En el Libro "Babilonia al Descubierto" hablamos de Jezabel como una guardiana del sistema de Babilonia, pero hoy tenemos la certeza de que no solo lo guarda, sino que ella misma esta fusionada con éste, ella es la cara visible de Babilonia la gran ramera y madre de todas las abominaciones, es la estructura del sistema del mundo caído.

La Jezabel histórica que vemos en las escrituras existió y reunió en sí misma las funciones de este sistema de control de semillas y vientre de perversión, ella como mujer de la historia bíblica fue una guardiana del sistema, por esto llevaba su sello de esfinge, aspecto descrito en el libro que publicamos por tercera vez en el 2015.

Pero al morir Jezabel sin arrepentirse, su nombre se fusionó para siempre a dicho sistema, representándolo como estructura y haciendo posible que podamos sujetar el poder de dicho sistema caído, al sujetarla a ella y las funciones que personifica. Al revisar cómo opera, podemos poner este sistema bajo los pies de Cristo en nosotros.

Es importante considerar los siguientes elementos en Jezabel, ya que estos fundamentan y construyen el carácter y la operación del sistema caído:

•**Su origen:** Sidón, que significa "cazando", implica la condición de Nimrod en ella, como tirano que pone trampas y lazos, como la serpiente que acecha en el huerto a la humanidad para hechizarlas y reducir sus almas.

•**Su linaje familiar:** es Hija de brujos, su padre era sacerdote.

•**Su religión:** la Idolatría. Adoraban a Baal y Astarté o Astoret.

•**Su carácter:** el Matriarcado, subyugación y dominio sobre la figura masculina. Ella necesita un Acab que le ceda la autoridad, que se deje controlar y le ceda las semillas del pueblo de Dios para contaminarlas.

•**Su nombre:** según el diccionario John: "Sin cohabitación", Según Hitchcokch: "casto, castidad", según Strongs antiguo: "Castidad", según el Webster: "La no casada"

•**La "casta" o la "no casada",** este nombre que le fue dado por su padre, demuestra que cuando Jezabel se casara, ese pacto no tenía para ella validez, ya que su unión y fidelidad sería con el sistema de Tiro y Sidón, ella impondría sobre Acab y el pueblo su propio sistema de hechicerías, su casamiento sería solo un paso para conquistar y subyugar, en realidad ella es madre de las fornicaciones.

•Su objetivo: empoderarse como estructura sobre las esferas de autoridad e influencia, para gobernar los sistemas del mundo caído.

Todas estas características únicas en esta entidad femenina, la hacen personificar al sistema caído del árbol de la ciencia del bien y del mal, el mundo caído que solo la fe de Cristo puede vencer.

Es en base a estas características que el sistema Izebel ataca lo profético, no solo con una amenaza específica o literal, aunque si lo incluye, pero muchas veces es de forma sutil, la falta de pacto, de unión, los matrimonios destruidos, la deslealtad y el espíritu de fornicación, el terror, la amenaza, la tiranía, la opresión, etc., van buscando ahogar la vida del espíritu en los hijos de Dios y menoscabar lo profético.

Lo profético es el testimonio de Jesucristo, este testimonio implica ser testigo, ver y conocer los sistemas de Dios que fluyen en el árbol de la vida, es el Espíritu de la Profecía el que enciende los siete fuegos de Dios, los exhibe, mostrando los sistemas santos de los días de la creación y el reposo en movimiento.

Esos siete espíritus encendidos quitan el alma del hombre y su fe, de la necedad y falta de entendimiento para ver el rostro del Padre a cara descubierta y ser transformados de gloria en gloria, retornando así a su imagen y semejanza.

El Espíritu Santo de la profecía, también es el que desentierra la fe del hombre, la traslada desde las tinieblas de la incredulidad a la fuente eterna en Cristo, la fe es un elemento vital de todo lo profético, es una columna que sustenta las visiones, revelaciones y entendimiento que opera mediante lo profético y por lo tanto es en este ámbito que la fe se desarrolla, en una dimensión diferente.

Sin fe es imposible caminar en el espíritu de la profecía, cuando Izebel ataca lo profético, lo hace para establecer su estructura de contaminación y control, sabe que así está atacando una puerta de fe, porque donde está lo genuinamente profético, entonces en ese lugar siempre hay fe.

Cuando hablamos de lo "profético", no nos estamos refiriendo a símbolos usados para profetizar, como el aceite, mantos, banderas o instrumento alguno, nos referimos a la esencia misma del Espíritu Santo que habla y hablará a los hombre que creen, para hacerlos testigos de las dimensiones celestiales.

La fe es por el oír la palabra de Dios, oír es por excelencia una acción profética, pero también la fe cuando va madurando como fruto y va creciendo como don, genera un depósito en el espíritu del hombre para captar la voz de Dios con mayor claridad, como una antena receptora de alta sensibilidad, este depósito es el "testimonio" del que hablaremos más adelante, pero es por la fe que Abraham pudo oír a Dios y es por la fe que esa voz pudo ser receptada por los profetas a lo largo de los años hasta los días de Cristo.

Por esta causa, lo profético es una amenaza al sistema del mundo caído y a la figura de Izebel como personificación y estructura de este sistema, ya que este se opondrá a las hechicerías que suelta para trastornar naciones, sujetar pueblos o aterrorizar figuras de autoridad.
La iglesia es profética en esencia desde sus inicios en Pentecostés,

así lo declaró Pedro en su primera predicación, y tiene como principal característica el oír la voz de Dios para ejecutarla, este elemento es el que perturba tanto al sistema caído, porque Izebel gobierna controlando las semillas, controlando la voz que debe sonar o callar, para así ella imponer su propia voz sobre las aguas de las naciones.

La Voz y Los Sellos De Izebel

"4. Y vino Acab a su casa triste y enojado, por la palabra que Nabot de Jezreel le había respondido, diciendo: No te daré la heredad de mis padres. Y se acostó en su cama, y volvió su rostro, y no comió. 5. Vino a él su mujer Jezabel, y le dijo: ¿Por qué está tan decaído tu espíritu, y no comes? 6. El respondió: Porque hablé con Nabot de Jezreel, y le dije que me diera su viña por dinero, o que si más quería, le daría otra viña por ella; y él respondió: Yo no te daré mi viña. 7. Y su mujer Jezabel le dijo: ¿Eres tú ahora rey sobre Israel? Levántate, y come y alégrate; yo te daré la viña de Nabot de Jezreel."
1 Reyes 21:4-7

"3 Porque todas las naciones han bebido del vino del furor de su fornicación; y los reyes de la tierra han fornicado con ella, y los mercaderes de la tierra se han enriquecido de la potencia de sus deleites."
Apocalipsis 18:3

Vemos en lo descrito en Reyes, que la voz de ella se impone

sobre Acab, hasta ese momento él no había ideado matar a Nabot para tomar su viña, este cultivo no solo es un huerto, además implica la voz de herencia generacional, el legado como veíamos anteriormente es vivir en las obras completas, en el séptimo día.

En esta viña estaba el reposo y el brote de una generación, la voz y la semilla.

Las escrituras dicen que la gran ramera, da de beber un vino de fornicaciones a los reyes de la tierra, estos dos pasajes están de la mano para comprender como opera la estructura de Izebel en el mundo caído.

Como veíamos, el vino y la viña implica una herencia en las escrituras, un legado; el profeta Isaías en el capítulo cinco de su libro, describe el canto de la viña que Dios plantó y que se volvió silvestre y amarga, este canto habla del pueblo de Israel que se pervirtió como herencia, por lo que entendemos que la viña implicaba producir un vino, un vino que llenara y unía al que lo bebía con la esencia misma de la semilla en la que fue plantada, lo unía al séptimo día, el único lugar donde semilla y vientre podían unirse y multiplicar.

Nabot representaba una herencia que daría un vino limpio, Acab deseaba esa viña, deseaba en su interior ese vino, para Jezabel esa viña era una enorme amenaza, porque ella necesitaba espiritualmente dar de beber su propio vino a Israel, el vino de las fornicaciones del que bebía el mismo Acab, en donde la voz de Jezabel se imponía por sobre todos.

Acab entregó su fe al sistema de Izebel, su comportamiento errático y dependiente con su manipuladora esposa, es resultado de la inclinación de éste a los dioses del sistema, los bueyes castrados, las diosas adoradas en los árboles frondosos, todos aquellos rituales que reconstruían la caída de la humanidad frente al árbol de la ciencia del bien y el mal.

El comportamiento de Acab, nos describe como las naciones y autoridades de gobiernos completos se inclinan ante un sistema, se rinden porque depositan su fe en ellos, pero aún esto es consecuencia de factores de idolatría y enfoques equivocados que existían antes de decidir rendirse completamente ante un sistema específico.

Fue la historia de Nabot la que hizo entrar en acción al profeta Elías, porque su muerte y el despojo del vino santo fue el límite de la paciencia de Dios con la casa de Acab, desde ese punto la familia real de Israel caminó hacia la perdición sin retorno.

"8. Entonces ella escribió cartas en nombre de Acab, y las selló con su anillo, y las envió a los ancianos y a los principales que moraban en la ciudad con Nabot. 9. Y las cartas que escribió decían así: Proclamad ayuno, y poned a Nabot delante del pueblo; 10. y poned a dos hombres perversos delante de él, que atestigüen contra él y digan: Tú has blasfemado a Dios y al rey. Y entonces sacadlo, y apedreadlo para que muera."
1 Reyes 21:8-10

Los sellos del sistema son marcas que utilizan para extender su operación, es decir que al poner ese sello le da realce a sus palabras e instrucciones para que aún los principales y ancianos (autoridades de reputación) se rindan ante su autoridad, el sello viene a cauterizar el pensamiento y establecer una ideología propia del sistema, sosteniendo y acrecentando el impacto de la voz de Izebel.

Estas marcas no funcionan distinto a lo que conocemos como, sellos presidenciales o timbres notariales, al poner este sello el sistema da a conocer que esas palabras están respaldadas íntimamente por el sistema completo.

Los sellos entraron en acción para poder corromper el legado (la viña de Nabot) y la posibilidad de que Israel bebiera un vino limpio, los sellos masificaron el alcance de la voz de manipulación de la estructura.

IZEBEL Y EL CASO DE LA ONU

La Organización de las Naciones Unidas (ONU)[1], iniciaron hace ya cuarenta años un programa descarado de control de natalidad sobre países en vías de desarrollo o subdesarrollado.

Después de la segunda guerra mundial, los países acordaron que debían proteger los derechos humanos de los gobiernos totalitarios, para esto se creó la ONU[2] junto con varias declaraciones de estos derechos, esta organización debía promover la paz y el desarrollo de esta manera.

A partir de la década de los 60, la misma Organización de las Naciones Unidas, a petición de algunos de sus más económicamente influyentes estados miembros, inició un alejamiento gradual y progresivo del atributo mismo de su origen y de la misión que se le había confiado después del término de la segunda guerra mundial.

Año tras año, la ONU accedió a que los elementos esenciales de la "Declaración Universal de Derechos Humanos" y otras legislaciones y convenciones, se fueran subyugando en sus

---
[1] La ONU y el control natal http://www.observatoriobioetica.org/2015/05/onu-promueve-control-de-natalidad-mientras-muchos-paises-envejecen/7996

contenidos básicos y fueran utilizados por grupos ideológicos jezabélicos, llegando a la conclusión propia de creer que la mencionada Declaración Universal estaba descontinuada y necesitaba modificaciones, para lo que había que hacer revisiones de los conceptos de "derechos" humanos.

Así fue como se revisó el documento de derechos humanos poco a poco, cambiando por completo la noción de paz y desarrollo que se había establecido después de la segunda guerra mundial, refundando de esta manera el concepto y misión original de la ONU.

De esta manera la ONU asumió dentro de sus programas, el control de natalidad del planeta, y comenzó a presionar a sus naciones participantes para adoptar políticas de control de natalidad, invirtiendo estos países durante el setenta hasta la fecha, miles de millones de dólares en programas anticonceptivos y de aborto libre, presionando a las naciones para que se adhieran, con decretos y declaraciones bajo el sello de la ONU.

Hoy los países más pobres son el laboratorio de miles de organizaciones financiadas para desarrollar nuevas técnicas de control natal, todas ellas amparadas por la ONU, creándose una maquinaria financiera sin precedentes en las que empresas abortistas, como laboratorios que trabajan con los restos de los abortos, financian políticas de control natal, impulsan políticos adeptos a su ideología.

La agenda de la ideología de género de la ONU, está dentro de este proyecto de control natal, las organizaciones que se alimentan de este sistema, impulsan esta ideología porque saben que hará disminuir la población al no poder, las parejas homosexuales, procrear una nueva familia.
Para esto posicionan íconos gay como Ricky Martin, y lo

2 La ONU y el control natal   http://www.fluvium.org/textos/mujer/muj41.htm

empoderan como embajador de los niños por la UNICEF (organización de la ONU que protege los derechos del niño), así impulsan dicha ideología por el mundo occidental.

Las economías saben que la maquinaria financiera avanza detrás del número demográfico de una nación, de esta manera países como India, México, China, Brasil, han logrado hacerse un espacio dentro de los países que pueden negociar con potencias, porque su alto número de gente implica un mercado vasto para las grandes empresas.

Por esta causa, los países en la ONU, más influyentes económicamente, invierten en reducir la tasa natal de los países en desarrollo, impidiendo así que su alto número signifique también un posicionamiento económico entre las naciones imperantes.

Todo esto que hemos mencionado, es un claro ejemplo del sistema del mundo caído y la estructura de Izebel en éste, desde el control de la semilla y el vientre, hasta el uso de sus sellos y la manipulación abierta a través de ilusiones, temores y contrataciones.

Para poder romper la voz del sistema de Izebel y sus sellos de control, idolatría, hechicería, etc., necesitamos confrontar el temor detrás de la hechicería, renunciar a éste y vencerlo trasladando nuestra fe, de las tinieblas a la luz, de la voz y el vino de fornicaciones, a la voz glorioso y al vino de Cristo.

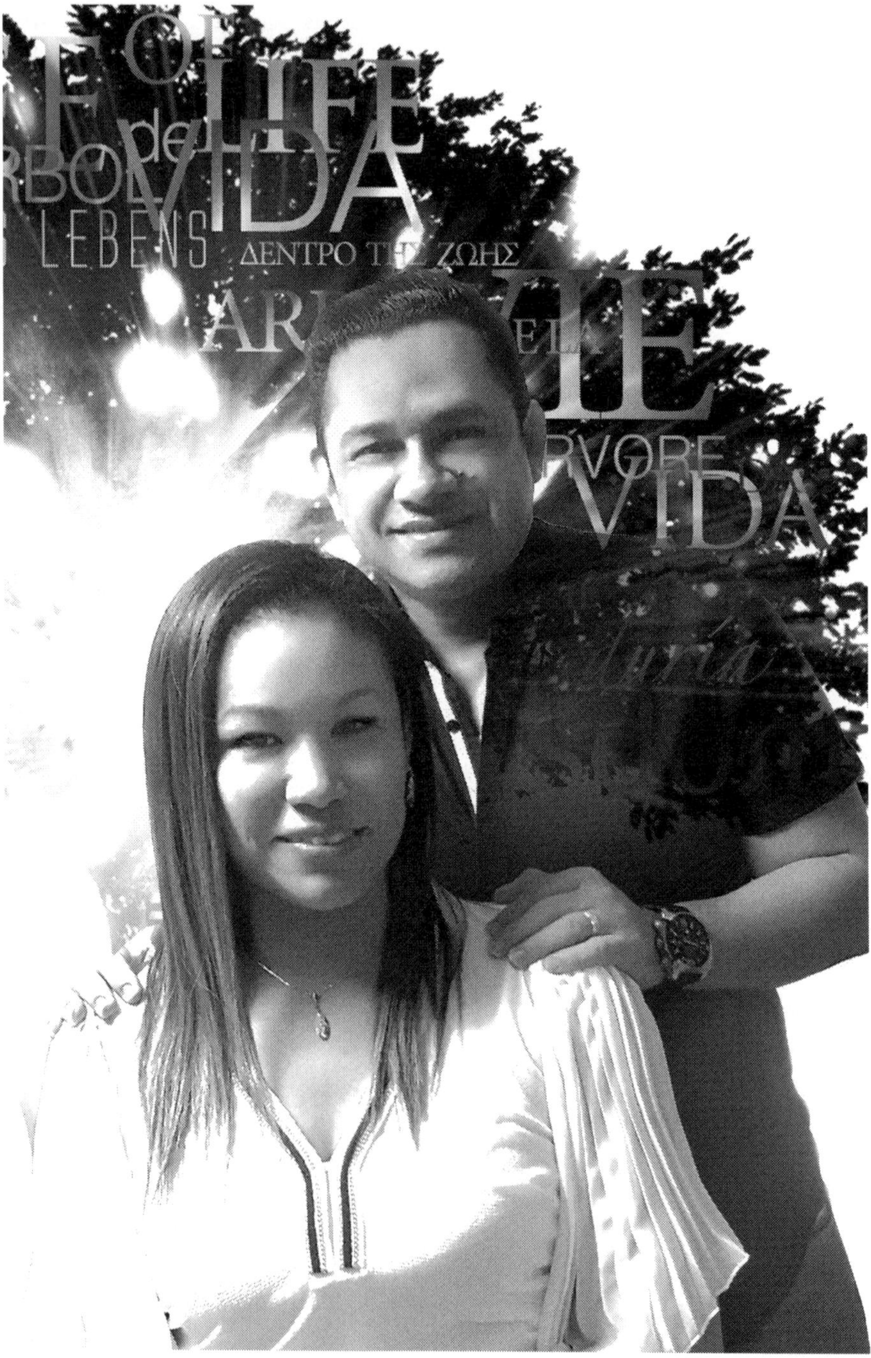
del
VIDA
LEBENS
ΔΕΝΤΡΟ ΖΩΗΣ
VIDA

6º DIMENSION

LA IGLESIA APOSTÓLICA CONTRA IZEBEL Y EL MUNDO CAÍDO

Comprendiendo entonces la estructura del mundo caído, que llamamos Izebel, viene a nosotros la necesidad de quebrar esta estructura y vencer como Ekklesía de Cristo, nos preguntamos cuáles serían las armas y herramientas que Cristo logró para vencer y condenar ese mundo caído y despojarlo de todo poder.

Sabemos que somos libres al nacer de su vientre y portar su semilla, pero poco sabemos de cómo Cristo logró aquella victoria completa y las herramientas que nos dejó para expandir su reino, el huerto, el árbol de vida y la dimensión del séptimo día.

Esperamos en el resto del texto concentrarnos en este punto y aunque sea brevemente, dejar algunas de estas herramientas para que puedan ser tomadas y aplicadas entre los hijos de Dios, los enviados como testigos de los sistemas santos, para traer sanidad a las naciones.

La Dimensión De Cristo Sobre La Semilla

Ya que hemos comprendido como opera el mundo caído y el sistema de Izebel, podemos entender la advertencia del Espíritu Santo con total claridad.

> *"¡Oh almas adúlteras! ¿No sabéis que la amistad del mundo es enemistad contra Dios? Cualquiera, pues, que quiera ser amigo del mundo, se constituye enemigo de Dios."*
> **Santiago 4:4**

Este mundo caído se refleja en cada una de las áreas de influencia que conocemos, política, economía, religión, educación, salud, arte, etc., cada una de ellas fueron tergiversaciones de algunos de los primeros sistemas originados en los días de la creación, pero están totalmente corrompidos, en sus aguas y en su voz, por lo que no podremos sacar de ellos absolutamente nada nuevo.

Todos ellos existen y se alimentan de la fe y creencias de los pueblos y sociedades, viven y se multiplican por causa de la creencia de las naciones. Por lo tanto el día en que estos pueblos dejen de creer en estos sistemas, estos morirán por no poseer las semillas y las aguas necesarias para subsistir y reproducirse más.

Las cosas nuevas vienen del cielo, de Su presencia, de Su gloria y del árbol de la vida que es Cristo, solo de Él saldrán semillas y aguas nuevas y limpias para sembrar el huerto de Dios nuevamente en la tierra.

El diseño original es que ese proceso se origine y la iglesia reproduzca la dimensión de Dios en las familias y pueblos de la tierra, para esto no debemos escondernos como ermitaños porque el mundo es corrupto, sino que debemos salir y manifestar la vida del día de Dios en nosotros.

Jesucristo caminó entre nosotros teniendo el mundo caído y su estructura Jezabélica en pleno poder, no se ocultó de este ni tuvo temor, simplemente salió y manifestó la esencia de la semilla que había dentro de Él.

Esto comenzó con Juan en el bautismo, al ser Cristo sumergido como semilla sobre las aguas por Juan, en el bautismo en el Jordán, el próximo paso para Cristo es traer de nuevo la dimensión del árbol de la vida y el huerto del séptimo día, fue confrontar el mundo caído de las tinieblas, establecer su ministerio lejos de ese gobierno del mundo, en completa enemistad.

"Entonces Jesús fue llevado por el Espíritu al desierto, para ser tentado por el diablo."
Mateo 4:1

"8. Otra vez le llevó el diablo a un monte muy alto, y le mostró todos los reinos del mundo y la gloria de ellos, 9. y le dijo: Todo esto te daré, si postrado me adorares.10. Entonces Jesús le dijo: Vete, Satanás, porque escrito está: Al Señor tu Dios adorarás, y a él sólo servirás."
Mateo 4:8-10

Esta confrontación significó la separación consiente y total de la realidad humana de Cristo del sistema del mundo caído, una confrontación directa, un choque entre dos mundos, siendo la dimensión de Cristo mucho más poderosa y real que los reinos

que el diablo le mostró en su sistema de hechicería jezabélica.
"7. ¿Descubrirás tú los secretos de Dios? ¿Llegarás tú a la perfección del Todopoderoso? 8. Es más alta que los cielos; ¿qué harás? Es más profunda que el Seol; ¿cómo la conocerás? 9. Su dimensión es más extensa que la tierra, Y más ancha que el mar."
Job: 11:7-9

Job nos habla de la dimensión de Dios, esta fue la que descendió sobre Jesús como semilla en su bautismo, su dimensión significa la reunión de su altura, anchura, profundidad, densidad, espacio y tiempo eterno.

En esta reunión está el mundo original y santo que existía en el huerto y que debía expandirse, con los sistemas de Dios descritos anteriormente, una dimensión que no es estática ni en ella habita el caos, sino que se mantiene en un reposo en movimiento.

Para un diccionario normal, una dimensión se representa como:
1. La proporción total de algo.
2. La extensión, el tamaño, la influencia o autoridad, etc.
3. El rango, la estatura, o el poder de un objeto.
4. El alcance, el dominio, etc.
5. El peso, la composición, o solidez de una cosa.

Pero cuando hablamos de la dimensión de Cristo, debemos ampliar nuestro espíritu para comprender que no existe palabra que pueda determinar esta dimensión, solo puede ser observada y experimentada por aquellos que entran en Cristo completamente, para ser parte de sus aguas y de su simiente santa.

"16. Y Jesús, después que fue bautizado, subió luego del agua; y he aquí los cielos le fueron

abiertos, y vio al Espíritu de Dios que descendía como paloma, y venía sobre él. 17. Y hubo una voz de los cielos, que decía: Este es mi Hijo amado, en quien tengo complacencia."
Mateo 3:16-17

La dimensión de Dios se estableció sobre Jesús cuando este descendió a la aguas, entonces los cielos que estaban cerrados desde la caída de la humanidad, se abrieron.

En el segundo cielo se había establecido el mundo caído, esta estructura de Izebel separaba a los hombres de Dios, generaba un abismo entre el tercer cielo y la tierra, alimentándose de sus creencias y contaminándolas a la vez.

Los cielos eran de bronce y solo podían ser abiertos esporádicamente con la sangre de las ofrendas, esa apertura siempre era casual y limitada, ya que el ritual no implicaba fe genuina, por lo tanto el cielo una vez abierto no encontraba eco en el corazón de los hombres para hacer descender la dimensión de Dios.

Jesús entonces, como semilla descendió a las aguas y los cielos se abrieron para que el Padre diera testimonio de su condición de Hijo desde lo eterno, este testimonio estableció en Jesús la dimensión de Dios de manera definitiva, posicionándolo como el Cristo, Señor del séptimo día, portador de la simiente santa, postrer Adán y árbol de la vida.

El bautismo de aguas en el que somos inmersos, busca darnos esa misma experiencia, la de abrir la semilla santa que fue puesta por la fe dentro de nosotros, sin esa semilla no hay chapuzón que valga para abrir las dimensiones de Dios y de su resurrección.

La Edificación Por Medio Del Testimonio

"Y lo pondrás delante del velo que está junto al arca del testimonio, delante del propiciatorio que está sobre el testimonio, donde me encontraré contigo."
Éxodo 30:6

El arca era el receptáculo o la caja donde se establecía la presencia de Dios, no debía ser idolatrada como Dios, pero implicaba una habitación, un lugar donde se podía entender que Él se establecía.

Podemos discernir, que el nombre de dicha arca no solo tenía que ver con que guardaba objetos que testificaban el poder de Dios, como la vara de Aarón, las tablas de la ley y el maná, sino que además establecía que la revelación de Dios debía ser una experiencia viva y objetiva que contuviera su presencia, debía acercarnos a esa dimensión.

El testimonio implicaba haber sido sumergidos en una experiencia divina, en el testimonio se construía de manera irrefutable la dimensión de Dios sobre aquellos que le buscaban, estos tendrían entonces la certeza de dicho testimonio en ellos que afirmaría su fe, no en base solo a lo que otros vivían, sino al ser ellos mismos inmersos en una experiencia objetiva y directa con el Padre.

"1. Ahora bien, la fe es la convicción de las cosas que se esperan como si ya fueran realidad, y es la revelación de las cosas que no se ven. 2. Por ésta recibieron testimonio los antepasados."
Hebreos 11:1-2 Biblia Peshitta

Vemos que el escritor de Hebreos está recalcando que por medio de la fe, los santos del antiguo pacto recibieron el testimonio del cielo, es decir que cuando el cielo se abrió para ellos, encontró un eco en su fe y fueron inmersos en una experiencia con El.

Esa inmersión, ese testimonio, trajo una convicción profunda que permitió acercarles a la dimensión de Dios, la fe inicial entonces se incrementó por este testimonio vivo.

El testimonio se sostiene en la fe, pero también la incrementa y permite comenzar a conocer una profundidad celestial donde Dios y su mundo gobierna.

"Yo me postré a sus pies para adorarle. Y él me dijo: Mira, no lo hagas; yo soy consiervo tuyo, y de t us hermanos que retienen el testimonio de Jesús. Adora a Dios; porque el testimonio de Jesús es el espíritu de la profecía."
Apocalipsis 19:10

Cuando hemos hablado de lo profético anteriormente, dijimos que lo profético venía a hacer de los hombres testigos de los sistemas de Dios, de su voz y su propósito eterno, esta acción de contemplar y de oír, sumerge y genera un testimonio, una habitación que podrá incrementar la fe y el depósito de la voz de Dios en nosotros.

Veamos el ejemplo de Enoc, quien también recibió un testimonio de haber agradado a Dios.

"Por la fe Enoc fue traspuesto para no ver muerte, y no fue hallado, porque lo traspuso Dios; y antes que fuese traspuesto, tuvo testimonio de haber agradado a Dios."
Hebreos 11:5

Este traslado de Enoc, que todavía habitaba en un mundo caído, con todos los sistemas de perversión, es claramente una consecuencia de haber primero recibido el testimonio celestial de haber agradado a Dios, este testimonio que recibió por la fe, lo sumergió en una experiencia divina e incrementó su convicción, trasladándolo de tal manera que no permaneció más en la tierra, no solo desapareció físicamente, sino que además se estableció por encima del mundo caído.

El libro de Enoc, a pesar de no ser establecido dentro de los libros canónicos, fue utilizado por la iglesia del primer siglo y citado en las cartas de Pedro y Judas, en este Enoc describe como fue comisionado por Dios para anunciar el juicio de los ángeles caídos, los que gobernaban la tierra con sangre, contaminando la semilla y los vientres, pero que además enseñaban a la humanidad formas tergiversadas de usar los recursos y levantar rápidamente el sistema del mundo caído.

Este Enoc fue establecido, por la fe y el testimonio, sobre el mundo caído de aquellos días, juzgándolo y decretando su fin.

Por otro lado el testimonio del cielo viene a los suyos de maneras distintas, en el caso de Abraham, el testimonio de cómo Dios veía a este hombre de fe, se le fue dado al cambiarle el nombre, de Abram (padre enaltecido) a Abraham (padre de multitudes).

Este momento de cambio de nombre, lo sumergió en una experiencia divina, que edificó en él un testimonio donde Dios continuó relacionándose con él.

"He aquí mi pacto es contigo, y serás padre de muchedumbre de gentes. 5. Y no se llamará más tu nombre Abram, sino que será tu nombre Abraham, porque te he puesto por padre de muchedumbre de gentes."
Génesis 17:4-5

Por la fe recibió este cambio de nombre, y cada vez que era llamado de esta manera, Abraham recibía una repetición del testimonio de Dios acerca de él, volvía a ser sumergido, confirmando su fe y acrecentando su convicción inicial en la promesa divina.

LA AUTORIDAD DE LOS TESTIGOS

Cuando hablamos de edificar por medio de un testimonio, o de esa experiencia sobrenatural, hasta ahora hemos solo contemplado lo que significa que del cielo se suelte aquel testimonio, como lo hizo en el bautismo de Cristo, con Enoc o Abraham.

Pero también es importante que conozcamos entonces la importancia de ser testigos de Dios y la autoridad que esto implica.

Cuando vemos a los doce discípulos, llamados para ser apóstoles en los tres años de ministerio de Cristo, pasamos por alto, que Jesús los llamó no solo para traspasar sus enseñanzas, sino para que estando todo el tiempo con Él, ellos pudieran ser testigos de aquellos tres años de su autoridad como el Mesías prometido a Israel.

Por esta razón Jesús solo ministró a los judíos en sus tres años, estando aún bajo el régimen de ley mosaica, Cristo cumplió todas las escrituras y profecías, dejando claro que su autoridad era la del Mesías y que estaba llevando acabo ese cumplimiento, para que por medio de establecer esa justicia, la redención y salvación alcanzara no solo al judío, sino a toda la humanidad.

---
1 Sobre la Didaché o Didajé apostolica   https://lasteologias.wordpress.com/2008/12/04/la-didache-las-ensenanzas-de-los-apostoles-libro-del-siglo-ii/

Los doce apóstoles[1] fueron entonces comisionados como testigos de Cristo, su autoridad siempre será única e irrepetible, en lo que a los tres años del ministerio del Mesías se refiere, porque solo ellos estuvieron con Él día y noche, pudiendo entonces traspasar fehacientemente su obra y mensaje, solo ellos fueron sumergidos en esa experiencia directa de los tres años de Cristo en su ministerio a los judíos.

Por esta razón, sin importar el nivel de autoridad, unción, dones o fe que algún hijo de Dios manifieste a la posterioridad, la autoría del mensaje del evangelio de los tres años del Mesías, solo puede ser traspasado por estos apóstoles[2] que caminaron con Él y fueron escogidos para ser testigos.

Con respecto al canon bíblico, es en este mismo principio de la autoridad de un testigo, que aceptamos los escritos de Lucas, a pesar de no tener certeza de que este fuese llamado al apostolado, sus escritos fueron hechos en compañía de los testigos más cercanos, algunos estudiosos dicen que Lucas habría compartido con María en Éfeso, de donde él tomó el relato del nacimiento de Jesús y sus primeros años antes del bautismo.

Es en esa calidad de testigo, que Lucas escribe el libro conocido como "Hechos de los Apóstoles", porque fue estando presente o de la boca del mismo Pablo que reunió todas aquellas verdades de cómo se llevó acabo el evangelismo al resto de los pueblos, primero a los judíos y posteriormente a los gentiles.

Así mismo podríamos hablar de Marcos, no tenemos certeza de si fue o no llamado al apostolado, se tienen indicios de que la casa de la última cena del Señor, habría sido de su propiedad, y que así mismo habría entregado ésta para reunirse todos en Jerusalén a la espera del Espíritu Santo, aunque nada de esto está firmemente confirmado contamos con un evangelio de su autoría.

2 Sobre la Didaché o Didajé apostolica   http://www.mercaba.org/TESORO/didaje.htm

Siendo amigo de Pedro, sus palabras testifican de las vivencias de éste en los tres años de ministerio de Cristo, su autoridad no viene de su llamado o función ministerial, sino de su calidad de testigo fehaciente de aquellas cosas.

El testigo entonces posee una autoridad clara e irrefutable, por haber estado presente cuando Dios se manifestó, por haber sido sumergido en esa experiencia.

Notemos que Jesús pudiendo haber escrito algún manual o establecer alguna regla por escrito, deja que sus doce testigos absorban esas experiencias con sus ordenanzas y misión, para que sean ellos y su testimonio lo que llegue posteriormente a los hombres.[3]

A estos testigos el comisionó como apóstoles, para darle a su mensaje una mayor autoridad como representantes del reino de Dios.

"Y nosotros somos testigos suyos de estas cosas, y también el Espíritu Santo, el cual ha dado Dios a los que le obedecen."
Hechos 5:32

Como vemos en este versículo y en todo el libro de los hechos, los apóstoles exponían su autoridad como testigos vivos de Cristo, pero además dejaban claro que no solo ellos testificaban, sino que el mismo Espíritu Santo había descendido para que la Ekklesía testificara sobre la gloria de Cristo y su dimensión celestial.

Necesitamos entonces no dejar de lado este punto, como Cristo mismo sabía que el poder de un testimonio, una experiencia sobrenatural con Dios, es una arma de victoria contra la

---
[3] Sobre la Didaché o Didajé apostolica   http://hjg.com.ar/blog/xtras/didache.pdf

estructura del mundo caído, porque sumerge la semilla en las aguas correctas del cielo.

> *"39. Y nosotros somos testigos de todas las cosas que Jesús hizo en la tierra de Judea y en Jerusalén; a quien mataron colgándole en un madero. 40. A éste levantó Dios al tercer día, e hizo que se manifestase; 41. no a todo el pueblo, sino a los testigos que Dios había ordenado de antemano, a nosotros que comimos y bebimos con él después que resucitó de los muertos. 42. Y nos mandó que predicásemos al pueblo, y testificásemos que él es el que Dios ha puesto por Juez de vivos y muertos. 43. De éste dan testimonio todos los profetas, que todos los que en él creyeren, recibirán perdón de pecados por su nombre. 44. Mientras aún hablaba Pedro estas palabras, el Espíritu Santo cayó sobre todos los que oían el discurso. 45. Y los fieles de la circuncisión que habían venido con Pedro se quedaron atónitos de que también sobre los gentiles se derramase el don del Espíritu Santo."*
> **Hechos 10:39-45**

Cuando Pedro fue enviado a hablar con Cornelio y los romanos que estaban en su casa, el mensaje de Pedro consiste básicamente en dar testimonio de todo aquello que se hablaba de Jesús como Mesías, y afirmar como testigo directo que todo aquello era verdad, pero no solo se limitó a decir esto, sino que enfatizó en que aún los profetas de la antigüedad habían ya testificado de antemano de que Cristo traería salvación y redención sobre todos los hombres.

Fue ante este testimonio que el Espíritu Santo actuó, llenando de Su poder a los que escuchaban, para testificar juntamente con Pedro acerca del poder y la veracidad del mensaje de Cristo y darles a estos gentiles la inmersión personal de una experiencia divina.

El Testigo Falso de Izebel

"8. Y Esteban, lleno de gracia y de poder, hacía grandes prodigios y señales entre el pueblo. 9. Entonces se levantaron unos de la sinagoga llamada de los libertos, y de los de Cirene, de Alejandría, de Cilicia y de Asia, disputando con Esteban. 10. Pero no podían resistir a la sabiduría y al Espíritu con que hablaba. 11. Entonces sobornaron a unos para que dijesen que le habían oído hablar palabras blasfemas contra Moisés y contra Dios. 12. Y soliviantaron al pueblo, a los ancianos y a los escribas; y arremetiendo, le arrebataron, y le trajeron al concilio. 13. Y pusieron testigos falsos que decían: Este hombre no cesa de hablar palabras blasfemas contra este lugar santo y contra la ley;"
Hechos 6:8-13

Logramos ver anteriormente como las cartas de Jezabel buscaban establecer un testimonio falso contra Nabot, el fin de las cartas y sus sellos era precisamente éste, que los ancianos y principales sometidos a ella buscaran testigos falsos y ejecutaran a Nabot acusándolo de blasfemia.

El diablo conoce que el testimonio es un elemento vital de todo marco de justicia, tanto la ley de Moisés como en la misma iglesia, se establecen el uso de testigos ante cualquier acusación o confrontación, de manera que el testimonio permita establecer la justicia, aun en nuestros días, la medicina y disciplinas forenses buscan a través de las tecnologías depurar un testimonio para esclarecer el nivel de culpabilidad o la libertad de alguien sobre un hecho.

Sin embargo el sistema de Izebel opera con el falso testimonio, a través de hombres perversos y mentirosos, por medio de sobornos y cohecho, el sistema miente y envía gente a mentir, usa los medios de comunicación y llena de mentiras los aires para mover así la fe de la gente hacia su propio sistema, poniendo palabras en personas que puedan modelar una autoridad sobre algo y tergiversar la verdad.

Así ocurrió con Esteban, no siendo apóstol, estaba testificando por el espíritu sobre el Mesías anunciado y sobre la dureza de Israel, esto confrontó de tal manera el corazón torcido de ellos, que buscaron levantar un falso testimonio que echara por tierra sus palabras.

Si bien es cierto lo silencian por medio de la muerte, su mensaje no pudo ser enterrado, Esteban que estaba testificando sobre el ministerio del Mesías, contempla en medio de su muerte al Cristo a la diestra de Dios Padre y con esto hizo descender la dimensión de Dios sobre Israel, esa dimensión no solo llegó hasta el mismo Pablo que posteriormente fue llamado al ministerio, sino que además juzgó la nación judía y el sistema sacerdotal hasta ser destruido en el año setenta.

Esteban manifiesta claramente la autoridad de un testigo verdadero, en sus palabras, en su visión gloriosa y aún en su rostro como de ángel lleno de santidad, Esteban venció el falso testimonio del sistema de Izebel del mundo caído, más allá del momento histórico, sus palabras y testimonio permanecieron en victoria, porque estaba verdaderamente inmerso en una experiencia divina, que lo transformó y lo mantenía lleno del Espíritu.

APÓSTOLES:
Trayendo el Sello del Testimonio

Definamos primero que es un sello según el entendimiento natural que se tiene. Para todos un sello es un emblema, símbolo, o un "grabado"; usado para atestiguar o evidenciar que algo es auténtico, el sello es lo que valida la originalidad de algo.

Cuando Jezabel selló su carta buscaba incrementar la autoridad de su voz y así levantar a sus testigos falsos que matarían a Nabot, es sorprendente como esta mujer podía manipular descaradamente una realidad, a tal punto que aún después de que Elías atrajera el fuego de Dios desde el cielo, Jezabel pudo convencer a un mensajero que amenazara a Elías de parte de ella y más aún, convencer a Elías de que estaba en peligro.

Ella tenía los sellos de su regencia, que le daban un respaldo diferente a la hora de levantar un falso testimonio.
Cuando vemos esa acción, comprendemos que un testimonio con un sello es mucho más poderoso que un testimonio común.
Por esta razón, el Padre establecería dentro del ministerio la función apostólica, para que esta función ministerial sellara el testimonio de la iglesia.

"30. Mas Dios le levantó de los muertos.
31. Y él se apareció durante muchos días a los
que habían subido juntamente con él de Galilea
a Jerusalén, los cuales ahora
son sus testigos ante el pueblo."
Hechos 13:30-31

Muchos vieron a Cristo en resurrección, pero el testimonio de los apóstoles en general tenía una autoridad diferente, porque estaba acompañado del sello que ellos portaban, este sello apostólico no son anillos o timbres físicos que dejen una firma humana que diga "apóstol" o algo así, sino que tiene que ver con la revelación de Jesucristo en aquellos que están cerca de un ministro cuya función es apostólica. Cuando el testimonio de un apóstol acerca de la gloria de Cristo se manifiesta, este cambia a los que le rodean, este cambio y santificación genera ese sello, que respalda por los resultados, que dicho testimonio es poderoso.

El evangelio de Mateo nos muestra un pasaje muy interesante para comprender la autoridad del testimonio y a la vez la función apostólica.

"13. Viniendo Jesús a la región de Cesarea de Filipo, preguntó a sus discípulos, diciendo: ¿Quién dicen los hombres que es el Hijo del Hombre? 14. Ellos dijeron: Unos, Juan el Bautista; otros, Elías; y otros, Jeremías, o alguno de los profetas. 15. El les dijo: Y vosotros, ¿quién decís que soy yo? 16. Respondiendo Simón Pedro, dijo: Tú eres el Cristo, el Hijo del Dios viviente. 17. Entonces le respondió Jesús: Bienaventurado eres, Simón, hijo de Jonás, porque no te lo reveló carne ni s angre, sino mi Padre que está en los cielos. 18. Y yo también te digo, que tú eres Pedro, y sobre esta roca edificaré mi iglesia; y las puertas del Hades no prevalecerán contra ella. 19. Y a ti te daré las llaves del reino de los cielos; y todo lo que atares en la tierra será atado en los cielos; y todo lo que desatares en la tierra será desatado en los cielos."
Mateo 16:13-19

Jesús está preguntando a sus discípulos quienes creen ellos que es Él, claramente había un testimonio que la gente alrededor decía de Jesús, pero no debía ser el mismo que sus testigos debían tener, ya que ellos habían presenciado y experimentado cosas que el resto no. Así que la respuesta de Pedro es precisa, el testimonio que ellos tenían, era de que Jesús era el Cristo, el hijo del Dios viviente, este testimonio no venía de la gente ni de los comentarios de otros, venía del Padre en los cielos, una experiencia divina.

Ante esta respuesta, Cristo le da a Pedro el testimonio que el cielo tiene de Él, pero además establece que aquella revelación declarada por Pedro, sería la roca firme donde la iglesia sería levantada.

Pedro como testigo tenía la autoridad de quien ha presenciado todo de manera directa, no solo físicamente, sino también testigo por la fe en lo que el Padre hablaba, y como apóstol posee ahora la función de establecer la revelación de Cristo que ha recibido del Padre en los cielos, que al ser enseñada, formará un sello que empoderará dicho testimonio.

Apóstol procede del Griego Apostolos, que significa: un delegado, un embajador, un comisionado especial, un mensajero, un enviado que claramente debe portar el testimonio del mensaje. El apóstol fue enviado para tener una función de fundamento, invierte su vida en establecer la revelación de Cristo donde quiera que vaya, no es una revelación que se la contaron, es una experiencia donde Él fue sumergido.

La función apostólica lleva a la gente a encontrarse con el testimonio de Jesucristo, conocerle a cara descubierta y madurar a su imagen, de esta manera la iglesia es establecida y edificada en aquellos que han sido también testigos de la revelación del Padre sobre sus corazones.

La iglesia poseedora del testimonio del cielo, produce y hace descender la dimensión celestial, sus sistemas y todo aquello que procede del árbol de la vida.

El testimonio de Cristo entonces se fortalece en la tierra y con ello la dimensión celestial, porque aquellos que se convierten en testigos de Dios, en el espíritu de la profecía, son también el sello que confirma la obra apostólica, el envío de quien trabaja poniendo el fundamento de la revelación de Cristo.

"Si para otros no soy apóstol, para vosotros ciertamente lo soy; porque el sello de mi apostolado sois vosotros en el Señor."
1 Corintios 9:2

El sello del apostolado es la misma gente que rodea a quien opera en dicha función, la formación del carácter, el crecimiento en santidad y justicia de aquellos que están junto a un apóstol, es el sello que autentifica que este hermano fue efectivamente llamado y enviado a la función apostólica dentro del ministerio.

Este sello, que son los hermanos, impulsa entonces el testimonio completo de la Ekklesía, el testimonio desde el cielo dado por el Padre, pero por sobre todo, el testimonio que debemos entregar en la tierra como portadores de los sistemas y la dimensión de Dios.

LA EKKLESÍA ES APOSTÓLICA

La iglesia es apostólica por naturaleza, porque fue dada a luz por verdaderos testigos de Cristo, estos juntamente con el Espíritu

Santo, dieron testimonio en la tierra y recibieron el testimonio de Dios sobre ellos, formando la dimensión de Dios sobre la Ekklesía.

Luego que los primeros creyentes mantuvieron esta verdad, se transformaban en testigos por la fe mediante el Espíritu Santo, a ellos fue dada la bienaventuranza de Cristo que exclamó a Tomás, "bienaventurados los que no vieron (con los ojos físicos) y creyeron", porque serían testigos en el Espíritu, en su experiencia personal con la realidad gloriosa de Cristo.

La semilla santa puesta en ellos, sería sumergida en experiencias divinas mediante el Espíritu Santo.

Estos testigos como Esteban, Agabo, Lucas, Aquila, Priscila y tantos otros hijos de Dios que recibieron del Espíritu el testimonio para anunciarlo, no habiendo conocido a Jesús durante sus años de ministerio terrenal, fueron sellos del apostolado de aquellos que les precedieron, confirmando y fortaleciendo el testimonio de Dios en la tierra.

El error vino años después, cuando la función apostólica dejó de ser entendida, porque solo se consideraba para los primeros años de la Ekklesía, como un título jerárquico y no como una función del cuerpo de Cristo, se desestimó la continuidad de dicho ministerio, como si los dones dados por Cristo al ascender en gloria, tuvieran fecha de caducidad.

"11. Y él mismo constituyó a unos, apóstoles; a otros, profetas; a otros, evangelistas; a otros, pastores y maestros, 12. a fin de perfeccionar a los santos para la obra del ministerio, para la edificación del cuerpo de Cristo (Ekklesía),13. hasta que todos lleguemos a la unidad de la fe y del conocimiento del Hijo de Dios, a un varón perfecto, a la medida (a la dimensión)

de la estatura de la plenitud de Cristo."
Efesios 4:11-13

Cristo, el que constituyó a unos para la función pastoral o magisterial, lo hizo para los profetas, evangelistas y apóstoles, para la obra del ministerio con el fin de perfeccionar a los santos, que crezcan en fe y accedan a los sistemas santos de Dios, para que vivan la dimensión del cielo, la medida de la plenitud de Cristo.

No tenemos registro sobre si los discípulos, de los discípulos, volvieron a confirmar a alguien en el apostolado, sabemos que hay documentos históricos que enseñaban a la iglesia a probar a los falsos de los verdaderos apóstoles, la misma carta en Apocalipsis dada a la iglesia habla de aquellos que probaban a los que se decían apóstoles para ver si su llamado era genuino.

"1. Escribe al ángel de la iglesia en Efeso:
El que tiene las siete estrellas en su diestra, el que anda en medio de los siete candeleros de oro, dice esto:
2. Yo conozco tus obras, y tu arduo trabajo y paciencia; y que no puedes soportar a los malos, y has probado a los que se dicen ser apóstoles, y no lo son, y los has hallado mentirosos."
Apocalipsis 2:1-2

A pesar de tener muchas pruebas sobre la continuidad de la función apostólica, y de saber que muchos otros hermanos, que no eran de los doce discípulos, fueron llamados al apostolado por Dios para establecer el fundamento de la revelación de Cristo en la iglesia, aún así la función apostólica se perdió a la vez que el sistema episcopal y piramidal se impuso en la iglesia.

Quitar la función apostólica significó volver a sistemas

piramidales jerárquicos de gobierno, se volvió a sistemas humanos, porque se ignoró el poder del testimonio, como inmersión de la semilla santa en las dimensiones de Dios. Se estableció la iglesia en hombres que gobiernan con autoridad única sobre la congregación, esto fue volver a entrar en el sistema hechicero de Izebel, controlar las semillas, la voz y contaminar el vientre del alma.

"Por lo cual, santos hermanos míos, que han sido llamados con un llamado que procede del Cielo, consideren a este Apóstol y Sumo Sacerdote de nuestra fe, Jesucristo."
Hebreos 3:1

El apóstol tiene como mandato el servicio de la comida del cielo, una experiencia que se puede ingerir, como lo hacían los sacerdotes y como lo hizo Melquisedec con Abraham, la operación del apóstol es saber partir el pan y traer el vino que sale del corazón de Cristo, para compartirlo con sus hermanos, permitiéndoles experimentar al Padre para que sean testigos de Cristo.

Usar esta función como un título de jerarquía administrativa o poder ejecutivo humano, es distorsionar la labor de un apóstol, cuyo fin no es posicionarse sobre el resto de la hermandad, sino traer revelación de Cristo, abrir las escrituras como Jesucristo lo hizo con sus amigos camino a Emaus, permitiendo una experiencia genuina con Dios. Ellos entraron a la dimensión apostólica en Cristo, cuando sentían que les ardía el corazón al entender las palabras, recibieron el testimonio profético dado en las escrituras y al partir juntos el pan con Él.

Ellos se volvieron testigos después de caminar, oír y partir el pan junto al apóstol Jesucristo, salieron a testificar sobre la revelación recibida por la fe, se volvieron un sello del apostolado de Cristo en ellos.

Sacar la ocupación apostólica, es privar a la Ekklesía de una función que se dedique exclusivamente a establecer la revelación de Cristo y generar abrir esas experiencias con el Espíritu Santo, impide que se forme en la congregación ese sello, generación tras generación, de la autenticidad del testimonio del cielo dado a la tierra.

La Ekklesía Genuina Es La Respuesta

El mundo caído fue juzgado por Cristo, el venció con su poder y autoridad, libertó nuestra fe, repartió dones a los hombres y abrió el cielo para todos aquellos que desean entrar en su dimensión.

No importa que tan terrible fue la manera en que fue fundado este mundo caído, ni como su estructura de Izebel pareciera ser inmensa, para controlar o contaminar, la verdad es que Cristo lo venció completamente y nos dio las herramientas para que se mantenga siempre bajo nuestros pies.

Él fue la semilla, Él trajo nuevas aguas, hizo pacto con la iglesia que el mismo santificó y limpió para sí, para que no tenga que ser más parte del sistema de Izebel y sus hechicerías.

Esto naturalmente implicará que no nos conformemos con ser libres de manipulación, pecado o brujería, mucho menos nos estanquemos en ser libres de los rudimentos de este mundo, la vida del cielo no consiste en saber que tan terrible es la maldad, sino en conocer el poder de la vida eterna en Él.

Necesitamos avanzar y pedir ese testimonio del cielo, que sea personal, vívido y poderoso, un encuentro con el Padre que abra el depósito de la simiente en ti, que saque la voz divina que está contenida en tu espíritu, que volvamos a ser una iglesia apostólica, no por cartees y nombres, sino porque poseemos el testimonio de haber sido sumergidos en Su gloria, y porque testificamos de esa verdad, una certeza que hemos visto y oído por nosotros mismos.

Sin esa experiencia, no hay manera de manifestar el árbol de la vida, no hay forma de que podamos atraer a este mundo los sistemas santos de Dios y entonces las hojas del árbol de la vida, no podrán sanar nuestras naciones, porque éstas solo llegan cuando hemos experimentado esa dimensión por nosotros mismos.

CONEXION
SEMILLA
PROPOSITO
árbol de vida...
INFLUENCIA
HIJO
FAMILIA
PLENITUD

EL ESPÍRITU SANTO COMO APÓSTOL EN LA EKKLESIA

Hablamos del poder del testimonio, y hemos explicado que ser testigos es una cualidad poderosamente transformadora, que solo viene por medio del Espíritu Santo, para concluir que dicho elemento es propio de una iglesia apostólica genuina, sin esto la dimensión real del Padre nunca se establecerá y no podremos comer del árbol de la vida.

Luego de ver estas cosas, necesitamos mirar entonces al Espíritu Santo como apóstol, solo mirando su modelo es que podemos comprender la necesidad de ser una EKKLESÍA apostólica que traiga el peso y la medida de la dimensión de Dios.

DE CRISTO EL APÓSTOL A LA EKKLESÍA APOSTÓLICA

"Pero cuando venga el Consolador, a quien yo os

enviaré del Padre, el Espíritu de verdad, el cual procede del Padre, él dará testimonio acerca de mí." **Juan 15:26**

Dijimos que los sistemas de Dios están en el árbol de la vida, este fue traído a la tierra por medio de Cristo y sembrado en su simiente, el árbol muestra en sí mismo los siete espíritus de Dios que es el mismo Espíritu Santo.

Estos siete fuegos generan esa dimensión que hemos estado entendiendo, por esta razón el Espíritu Santo debía descender para que los apóstoles pudieran usar su facultad como testigos, no antes, ya que su testimonio no podía provenir de una simple experiencia humana, sino que debía salir del mismo Espíritu.

El Espíritu Santo entonces fue enviado, en este envío su misión es estar continuamente desarrollando la dimensión apostólica de Cristo en la Ekklesía, implica tomar del Cristo resucitado sus atributos, para traspasarlos como en el Génesis, a la realidad física de los hombres que se rinden a su señorío.

Así, el Espíritu va generando un crecimiento del plantío del Señor, los hermanos apóstoles como Pablo y Apolos siembran y riegan, poniendo el fundamento, pero el crecimiento siempre proviene del Espíritu, que va desarrollando las características de la semilla desde el apóstol Jesucristo a la Ekklesía apostólica, regándola una y otra vez con experiencias sobrenaturales.

El Espíritu entonces se asegura de que seamos verdaderos testigos de Dios, que veamos y testifiquemos las cosas celestiales y así podamos trasmitirlas en la tierra de manera pura, su envío es estar de continuo guiando a la iglesia al verdadero fundamento, la revelación de Cristo y de esta manera traspasar los atributos apostólicos de Cristo a su Cuerpo, para esto el Espíritu Santo escoge ministros, a los que asigna funciones ministeriales, como la del apóstol, sin embargo todas estas funciones están dentro de esta dimensión apostólica que le pertenece a Cristo, porque todos ellos son enviados a una función específica dentro del cuerpo.

Todo con el fin de traspasar desde la simiente, y desarrollar los atributos de Cristo a la Ekklesía, porque solo de esta manera podremos manifestar el envío, el testimonio y la dimensión gloriosa del Reino.

Una iglesia apostólica no es la que posee como líder, un hermano llamado a esta función de apóstol, sino que es aquella que va desarrollando los atributos de nuestro apóstol Jesucristo, por medio del Espíritu Santo, quien fue enviado con este fin y en colaboración con las distintas funciones del ministerio que también son apostólicas, entre ellas el apóstol.

LAS FUNCIONES MINISTERIALES EN LA DIMENSIÓN APOSTÓLICA

"12. Aún tengo muchas cosas que deciros, pero ahora no las podéis sobrellevar. 13. Pero cuando venga el Espíritu de verdad, él os guiará a toda la verdad; porque no hablará por su propia cuenta, sino que hablará todo lo que oyere, y os hará saber las cosas que habrán de venir. 14. El me glorificará; porque tomará de lo mío, y os lo hará saber. 15. Todo lo que tiene el Padre es mío; por eso dije que tomará de lo mío, y os lo hará saber."
Juan 16: 12-15

Por ser el Espíritu Santo, que es el apóstol, quien sopla sobre la iglesia para capacitarla y darle vida, entendemos que cada función ministerial es entregada de esta manera, siendo entonces atributos de Cristo que son traspasadas a la Ekklesía por el Espíritu Santo quien las posee del Hijo.

Será importante que veamos brevemente primero al Espíritu como cada una de estas funciones.

Como Apóstol:

Nos permite entrar y establecer la revelación de Jesucristo, profundizando en nuestros espíritus nuevas y maravillosas cosas que podemos conocer de Dios. Como enviado también nos envía y nos capacita para dar testimonio vivo de las verdades de Dios, en justicia y poder.

Como Profeta:

"17. Y en los postreros días, dice Dios, Derramaré de mi Espíritu sobre toda carne, Y vuestros hijos y vuestras hijas profetizarán; Vuestros jóvenes verán visiones, Y vuestros ancianos soñarán sueños;18. Y de cierto sobre mis siervos y sobre mis siervas en aquellos días. Derramaré de mi Espíritu, y profetizarán."
Hechos 2:17-18

De manera espontánea y natural, todos aquellos que han recibido el Espíritu Santo, profetizan, sueñan sueños de Dios, tienen visiones espirituales, y son desarrollados en las dimensiones proféticas.

Como Evangelista:

"8. Y cuando él venga, convencerá al mundo de pecado, de justicia y de juicio. 9. De pecado, por cuanto no creen en mí; 10. de justicia, por cuanto voy al Padre, y no me veréis más; 11. y de juicio, por cuanto el príncipe de este mundo ha sido ya juzgado."
Juan 16:8-11

La tarea de evangelizar del Espíritu Santo es tremenda. Él puede convencer a los hombres de pecado, justicia, y juicio, sin manipulación alguna, simplemente exponiendo la verdad en sus espíritus o almas. La tarea del evangelismo, es un misterio y un arma muy preciada, que se mueve en profundidades del Espíritu de Dios, en contra de la mente de este mundo, esa capacidad proviene del Espíritu Santo que toma de la mente de Cristo.

Como Pastor:

"14. Yo soy el buen pastor; y conozco mis ovejas, y las mías me conocen, 15. así como el Padre me conoce, y yo conozco al Padre; y pongo mi vida por las ovejas. 16. También tengo otras ovejas que no son de este redil; aquéllas también debo traer, y oirán mi voz; y habrá un rebaño, y un pastor."
Juan 10:14-16

El Espíritu Santo también es el que pastorea y guía a toda verdad. Jesús es el pastor de todos, y a través de Su Espíritu, Él puede pastorear a los hombres por medio de los ancianos que son establecidos en las iglesias de las ciudades, en esta dimensión apostólica del espíritu somos llevados a conocer que es bueno y que es perverso.

Como Maestro:

"Pero la unción que vosotros recibisteis de él permanece en vosotros, y no tenéis necesidad de que nadie os enseñe; así como la unción misma os enseña todas las cosas, y es verdadera, y no es mentira, según ella os ha enseñado, permaneced en él."
1 Juan 2:27

La ciencia y sabiduría de Dios, solo se revelan al hombre dentro de habitaciones espirituales de conocimiento y entendimiento. Entonces, una persona realmente aprende algo, solo cuando el Espíritu desea revelárselo, esta revelación siempre proviene de Cristo y del Padre.

Todas estas funciones ministeriales que fueron dadas a la Ekklesía, fluyen por medio del Espíritu Santo, quien como apóstol toma de Cristo, toma de la semilla depositada en sus hijos y nos la entrega para que generemos esa dimensión.

Los ancianos que son entonces ungidos entre los hermanos para cumplir una función, cualquiera sea de estas cinco, lo hacen por medio del Espíritu Santo, que fue enviado apostólicamente para hacernos crecer, porque solo Él puede tomar de Cristo el apóstol y desarrollarlo en nosotros.

ELEMENTOS DE LA DIMENSIÓN APOSTÓLICA DEL ESPÍRITU

Podríamos escribir un libro completo sobre los diferentes elementos de esta dimensión apostólica, cada una de ellas tiene como fin entregar un testimonio verdadero. Seguramente con el tiempo iremos comprendiendo muchas más, aún de las que describiremos, pero cuando hablamos de romper las ligaduras con el mundo caído y la estructura de las hechicerías de Izebel, necesitaremos algunas características apostólicas, que el Espíritu Santo impulsa por generar, desarrollar y edificar, a través de las cinco funciones ministeriales.Cada uno de estos elementos descritos a continuación, no son una receta de éxito, o un mapa de algún tesoro, simplemente son las manifestaciones de una iglesia que efectivamente camina en una dimensión apostólica, no solo por contar con ancianos ungidos para esta función, sino que mayormente, porque el Espíritu Santo está usando a sus ministros para generar un Ekklesía apostólica, que se asemeja y se parece cada día más a Cristo el Apóstol del cielo.

Propósito Apostólico

"Jesús les dijo: Mi comida es que haga la voluntad del que me envió, y que acabe su obra."
Juan 4:34

La Ekklesía apostólica, se santifica, y se sustenta para hacer lo que Dios le envía hacer en su generación.

El "reposo en movimiento" del séptimo día está poderosamente en ellos, impulsándoles todo el tiempo, no en un vano activismo sin sentido, sino en clara determinación de hacer todo aquello que el Padre les ha delegado.

Siempre tendrán un claro sentido de propósito y misión. Y tendrán una clara determinación, para completar y acabar lo que se les ha enviado a hacer. Si esta determinación está fundamentada en la verdad, tendrán la capacidad de avanzar y traspasar todo tipo de obstáculo, persecución. El carácter de un enviado, no se detiene ni se da por satisfecho hasta completar lo que se le fue enviado a hacer.

> *"37. Todo lo que el Padre me da, vendrá a mí; y al que a mí viene, no le echo fuera. 38. Porque he descendido del cielo, no para hacer mi voluntad, sino la voluntad del que me envió."*
> **Juan 6:37-38**

El propósito apostólico que entrega el Espíritu Santo a su Ekklesía, no solo tiene en sí una determinación para hacer la voluntad de aquel que le envió; sino que también, hay un claro conocimiento de cuál es esa voluntad.

Cuando el Espíritu descendió a la tierra, no quedó ninguna excusa en nosotros para decir que no tenemos forma de conocer su voluntad, ya que ésta fue claramente expuesta, primeramente y de manera general en las escrituras, pero también de forma personal en nuestro espíritu en una vida de continua relación con Dios.

> *"9. Por lo cual también nosotros, desde el día que lo oímos, no cesamos de orar por vosotros, y de pedir que seáis llenos del conocimiento de su voluntad en toda sabiduría e inteligencia espiritual, 10. para que andéis como es digno del Señor, agradándole en todo, llevando fruto en toda buena obra, y creciendo en el conocimiento de Dios;"*
> **Colosenses 1:9-10**

Este conocimiento no proviene de libros humanos, ni tiene que ver con la información que podemos conseguir fuera de nosotros, solo proviene de esos tiempos en que el Señor puede traernos una fresca verdad de Su conocimiento.

El propósito apostólico de la Ekklesía es completar esa voluntad que se nos fue dada, pero esto no es posible fuera de la eternidad de Dios o lejos del testimonio propio de sus dimensiones sobrenaturales, necesitamos tener esos encuentros para ser testigos de esa voluntad.

> *"3. Y esta es la vida eterna: que te conozcan a ti, el único Dios verdadero, y a Jesucristo, a quien has enviado. 4. Yo te he glorificado en la tierra; he acabado la obra que me diste que hiciese."*
> **Juan 17:3-4**

Intentar de completar la voluntad de Dios (que es el propósito apostólico) sin estar inmerso en la eternidad, solo hará que nuestras acciones sean obras muertas, estructuras sin vida, palabras sin fe y llenas de temor o conectadas con el mundo caído.

La Palabra Apostólica

> *"Porque el que Dios envió, las palabras de Dios habla; pues Dios no da el Espíritu por medida."*
> **Juan 3:34**

"Muchas cosas tengo que decir y juzgar de vosotros;

pero el que me envió es verdadero;
y yo, lo que he oído de él, esto hablo al mundo."
Juan 8:26

Las palabras de una iglesia que ha sido enviada por Dios a ministrar en la tierra, son apostólicas; y tendrán autoridad apostólica, siempre y cuando procedan de Cristo, esto nos obliga a escudriñar las escrituras y en el Espíritu, de tal manera que tengamos certeza, de que como iglesia estamos hablando lo que viene del cielo y no hay contradicciones entre lo que decimos y lo que Cristo dijo, de manera que lo que impartimos como Ekklesía pueda ser usado para fundamentar a los que nos rodean en una revelación de Cristo genuina.

Es triste ver una Ekklesía que no sabe hablar, ni las palabras de Dios ni las palabras comunes, ver como muchos que se llaman hermanos o hijos de Dios, hablan para destrucción, muerte o para aterrorizar al mundo, no permitiendo que ellos vengan al conocimiento de la gracia y la verdad.

"Y yendo, predicad, diciendo:
El reino de los cielos se ha acercado."
Mateo 10:7

El corazón de una palabra apostólica, es el mensaje del Reino de Dios y a Cristo como la personificación de éste, para no estar más sujetos a la voz de este mundo, sino que obedecer a su gobierno santo.

El mensaje apostólico no es hablar sobre la grandeza de algún ministro en específico, ni desarrollar mensajes que atraigan a la gente hacia los hombres, sino que el mensaje del Espíritu siempre va a apuntar a conocer más de Cristo, como el Rey de reyes y la puerta al reino inconmovible de Dios.

En este sentido, el Espíritu apostólico siempre desenmascara la hipocresía, la desobediencia y la rebelión. Con frecuencia la gente reacciona fuertemente ante un verdadero mensaje del Reino, dado por una iglesia que vive en conformidad con los deseos de Dios, porque la palabra apostólica está hecha para alcanzar lo profundo del corazón del hombre, y así poder limpiar la hipocresía, la desobediencia, y la rebelión que esté enraizada allí.

Así fue como Esteban no siendo apóstol de oficio, caminaba en esa dimensión por el Espíritu Santo, su capacidad para trasmitir verdaderamente el poder del cielo y las palabras de Dios, produjeron ira en aquellos que habiendo sido expuestos no deseaban arrepentirse.

"Oyendo estas cosas, se enfurecían en sus corazones, y crujían los dientes contra él."
Hechos 7:54

El Juicio Apostólico

"No puedo yo hacer nada por mí mismo; según oigo, así juzgo; y mi juicio es justo, porque no busco mi voluntad, sino la voluntad del que me envió, la del Padre."
Juan 5:30

Muchas cosas se han dicho sobre si se puede juzgar o no a otros. Lo cierto es que ese juicio es legítimo cuando es dado por una asamblea de ancianos, que escuchen a los testigos, las pruebas y que además escuchen la voz del Espíritu Santo que permite sacar a luz todo lo oculto.

El juicio de una Ekklesía apostólica debería ser mayormente para establecer, permitir o prohibir en el espíritu, las cosas que ocurren en la ciudad, luego examinar los antecedentes y habiendo oído al Espíritu Santo, determinar si aquello es justo para una territorio o debe ser bloqueado en oración por la iglesia.

Un equipo apostólico verdadero puede juzgar con un juicio correcto; porque la presencia del Juez justo traerá un discernimiento real, un veredicto acertado, y las decisiones sólidas que se necesitan para juzgar.

"Y si yo juzgo, mi juicio es verdadero; porque no soy yo solo, sino yo y el que me envió, el Padre."
Juan 8:16

Por otro lado el juicio es parte del espíritu apostólico, y es necesario para mantener la salud e integridad de la Ekklesía. La Dimensión Apostólica da a los hijos de Dios, la capacidad de juzgar correctamente.

Esto es totalmente necesario para descubrir las mentiras, las mezclas y la hechicería que proviene de los diablos. Por esto, los primeros apóstoles juzgaron severamente las corrientes de maldad que quisieron entrar en el corazón de la Ekklesía.

Si la Ekklesía no tiene ni camina en la dimensión apostólica, no poseerá el discernimiento correcto, y sus juicios serán injustos o imprecisos.

LA REPRENSIÓN APOSTÓLICA

"ni tenéis su palabra morando en vosotros; porque a quien él envió, vosotros no creéis."
Juan 5:38

Una verdadera Ekklesía apostólica nunca camina en temor o incredulidad frente a los sistemas de este mundo, los juzga desde otra posición, la de Hijos de Dios.

Un verdadero equipo apostólico, tiene autoridad para reprender y corregir a aquellos que dudan y no creen. La incredulidad es una dimensión totalmente separada de Dios, con la cual no se puede transar.

Es parte de la unción apostólica del Espíritu Santo, el sacar a luz al espíritu de incredulidad que habita en el mundo y en la religiosidad.

Jesús, como apóstol, estuvo en constante guerra contra la incredulidad y las estructuras religiosas. Ambas cosas son un estorbo que busca impedir que la Ekklesía apostólica se manifieste, porque quiebra la capacidad de acceder a la dimensión de Dios, bloquea el entendimiento que es solo por medio de la fe y corrompe el testimonio de Cristo en las personas.

La incredulidad y la rigidez religiosa generan confusión, turbación, ignorancia, y extravío en el alma de aquellos que no reciben el testimonio de Cristo; que es el Espíritu de la Profecía, y es la dimensión apostólica.

¿Cómo podemos ser enviados sino creemos en el poder de la eternidad?, necesitamos romper toda ideología humana que avala la incredulidad y pelear contra todo aquello que desea anidarse en los corazones como una duda "razonable".

"*24. Y le rodearon los judíos y le dijeron: ¿Hasta cuándo nos turbarás el alma? Si tú eres el Cristo, dínoslo abiertamente. 25. Jesús les respondió: Os lo he dicho, y no creéis; las obras que yo hago en nombre de mi Padre, ellas dan testimonio de mí; 26. pero vosotros no creéis, porque no sois de mis ovejas, como os he dicho. 27. Mis ovejas oyen mi voz, y yo las conozco, y me siguen, 28. y yo les doy vida eterna; y no perecerán jamás, ni nadie las arrebatará de mi mano.*"
Juan 10:24-28

LA ATRACCIÓN APOSTÓLICA

"*44. Ninguno puede venir a mí, si el Padre que me envió no le trajere; y yo le resucitaré en el día postrero. 45. Escrito está en los profetas: Y serán todos enseñados por Dios. Así que, todo aquel que oyó al Padre, y aprendió de él, viene a mí.*"
Juan 6:44-45

Jesús dependía del Padre, para que la gente correcta se acercara a él como enviado. La dimensión apostólica hacía que Jesús no mirara las apariencias de los hombres, sino que Él podía identificar a aquellos que realmente oyen al Padre, y aprenden de Él.

Nunca vemos a Cristo intentando convencer a quien no desea ser convencido, y esta verdad debe ser entendida por la Ekklesía, porque en su envío apostólico, su misión no es manipular para

160

ganar a los hombres con ideologías humanas, sino exponer el mensaje y el testimonio de Cristo, para que aquello que aman la luz, vengan a la luz.

La dimensión apostólica del Espíritu no busca acaparar gente, porque no se enfoca en obtener grandes masas, sino en que aquellos que están abiertos a oír la voz de Dios, encuentren la luz de Cristo.

Es el Espíritu de la Profecía, que fue enviado apostólicamente, es el que da testimonio, el que habla, y enseña, y atrae a la gente.

Por lo tanto, la atracción apostólica es una consecuencia natural. Convocar a grandes masas de gente, es algo que produce el espíritu apostólico de Cristo.

No debemos malinterpretar este poder de convocatoria, porque en el momento que intentamos manipularlo, la gente se queda, pero la dimensión del Espíritu Santo se retira de la escena.

"14. Y los que creían en el Señor aumentaban más, gran número así de hombres como de mujeres;
15. tanto que sacaban los enfermos a las calles, y los ponían en camas y lechos, para que al pasar Pedro, a lo menos su sombra cayese sobre alguno de ellos.
16. Y aun de las ciudades vecinas muchos venían a Jerusalén, trayendo enfermos y atormentados de espíritus inmundos; y todos eran sanados."
Hechos 5:14-16

Los discípulos entendían que el propósito no era capturar multitudes. Las señales, los prodigios, los milagros, y todo lo que acompaña a la dimensión apostólica en la Ekklesía, tienen un solo objetivo: revelar a Cristo y al Padre en Él.

Si este objetivo no es el fundamento de un ministerio llamado apostólico, entonces todas las señales, milagros, manifestaciones de poder, y profecías, se tornarán en acciones contaminadas con hechicería y serán parte del sistema caído del mundo, del sistema de Izebel.

LA COBERTURA APOSTÓLICA

"Y esta es la voluntad del Padre, el que me envió: Que de todo lo que me diere, no pierda yo nada, sino que lo resucite en el día postrero."
Juan 6:39

Aunque este término "cobertura" no es un término que se utilice para hablar de la iglesia, si es utilizado para expresar un tipo de protección, en este sentido la dimensión apostólica del Espíritu trae consigo una protección o "cobertura", sobre aquellos que habitan en ella. Esto no quiere decir que un anciano de la iglesia llamado a la función de apóstol en el ministerio puede proteger a otros hermanos, esto es incorrecto, porque delega una acción propia de Cristo a un hombre dentro de la iglesia.

Cristo como único esposo de la Ekklesía, la cuida, protege y sustenta, esta acción protectora no puede ser delegada a hombre alguno, ya que ningún hombre puede usurpar la condición de esposo que solo Cristo posee como Rey de reyes sobre la Ekklesía.

"Cuando estaba con ellos en el mundo, yo los guardaba en tu nombre; a los que me diste, yo los guardé, y ninguno de ellos se perdió,

> *sino el hijo de perdición,*
> *para que la escritura se cumpliese."*
> **Juan 17:12**

La dimensión apostólica del Espíritu, literalmente traspasa esa protección a todo el cuerpo, la cobertura se origina entonces al caminar dentro de Cristo Jesús siempre, y ser parte de su cuerpo. No hay opción a retroceder a la carne o al mundo; ya que fuera de su cuerpo, quedaríamos descubiertos y expuestos.

Jesucristo como esposo y apóstol, extendió su cobertura para enviarnos en medio del mundo caído y vencerlo.

Estar fuera del cuerpo es la única manera de perder dicha protección, como Judas que fue engañado por el maligno, porque estando todavía con el resto de los discípulos, nunca actuó como parte del cuerpo, sino que velaba por sus intereses personales, de esta manera no podía obtener la protección apostólica de Cristo, porque al estar fuera de la Ekklesía, no puede ser uno con Él.

La Delegación Apostólica

> *"para que todos honren al Hijo como*
> *honran al Padre. El que no honra al Hijo,*
> *no honra al Padre que le envió."*
> **Juan 5:23**

Uno de los objetivos de que la iglesia se reúna y congregue, no es solo estar juntos, sino que siendo un cuerpo, como Ekklesía pueda transformarse en una delegación apostólica, lista para ser enviada a hacer la voluntad del Padre en un área específica.

Una delegación es el término, se utiliza para nombrar al equipo o grupo de trabajo que representa a una comunidad o a un país; otorgando al equipo la correspondiente autoridad, responsabilidades, metas, confianza y capacitación.

Un delegado es la representación oficial de aquel que lo envió, es de alguna manera una acción apostólica, porque debe dar testimonio de aquellos que lo envían.

"21. para que todos sean uno; como tú, oh Padre, en mí, y yo en ti, que también ellos sean uno en nosotros; para que el mundo crea que tú me enviaste. 22. La gloria que me diste, yo les he dado, para que sean uno, así como nosotros somos uno."
Juan 17:21-22

En el Reino la Ekklesía ha sido enviada, con la diferencia que ésta no está separada de quien la envió, ya que ambos son uno, están unidos y esa unión se manifiesta por el Espíritu Santo en ellos.

La Ekklesía, como compañía o delegación apostólica, está tan identificada con aquel que le ha enviado, que si se le rechaza, se está rechazando directamente a Cristo mismo.

Es muy importante que comprendamos esta delegación, entendamos la autoridad y responsabilidad que está sobre nosotros, es una autoridad sobre ciudades y territorios completos, que puede traer una gigantesca ola de vida, o una gran destrucción y castigo sobre las ciudades.

"10. Mas en cualquier ciudad donde entréis, y no os reciban, saliendo por sus calles, decid: 11. Aun el polvo de vuestra ciudad, que se ha pegado a

nuestros pies, lo sacudimos contra vosotros. Pero esto sabed, que el reino de Dios se ha acercado a vosotros. 12. Y os digo que en aquel día será más tolerable el castigo para Sodoma, que para aquella ciudad."
Lucas 10:10-12

CONTRA EL MUNDO CAÍDO

Estos diferentes elementos nos permiten visualizar que tan cerca o tan lejos podemos estar de efectivamente ser una iglesia apostólica, pero decíamos en el inicio, no son una receta o un mapa.

Habiendo dejado ya atrás el antiguo concepto de establecer apóstoles como jerarquías, podemos entonces avanzar a conocer más sobre la verdadera dimensión apostólica que el Espíritu Santo trae a la Ekklesía, ésta claramente incluye el poder establecer ancianos en los diferentes ministerios, pero como hemos visto, la dimensión apostólica pasa más por conocer a Cristo como apóstol y dejar que sus atributos se desarrollen en la comunidad de la congregación, que el apurarnos en ungir ministros con el fin de tener los cinco ministerios o alguno de ellos.

Será entonces esta dimensión, la que quebrará las hechicerías de Jezabel, su sistema y sus manipulaciones, por medio de la acción de Espíritu Santo en nosotros.

Por último, queremos que te sientas desafiado a buscar el poder del testimonio dentro de ti, es necesario que vayas mucho más allá de tu experiencia de salvación o sanidad y avances a conocer de forma directa todo lo que respecta a Dios, nuestro Padre.

Recuerda que el cielo está abierto, la Ekklesía ya fue formada y está entre nosotros, somos uno con cristo a través de este maravilloso cuerpo o ecosistema, solo queda que nos desafiemos a conocer más y vivir nuestro propio encuentro con el árbol de la vida y con los sistemas santos del cielo.

¡¡No esperes más, avanza hacia esta dimensión!!

Made in the USA
Columbia, SC
20 October 2024